Wirtschaftsprüfungs- und Steuerberatungsgesellschaften

Detlef Jürgen Brauner (Hrsg.)

Wirtschaftsprüfungs- und Steuerberatungsgesellschaften

Fakten und Informationen für Berufseinsteiger und Young Professionals

Mit ausgewählten Anbietern von Examens-Vorbereitungskursen

23., überarbeitete Auflage

EWP

Edition Wissenschaft & Praxis

Bibliografische Information der Deutschen Nationalbibliothek

Die Deutsche Nationalbibliothek verzeichnet diese Publikation in der Deutschen Nationalbibliografie; detaillierte bibliografische Daten sind im Internet über http://dnb.d-nb.de abrufbar.

Satz: L101 Mediengestaltung, Fürstenwalde
Druck: mediaprint solutions GmbH, Paderborn
Gedruckt auf FSC-zertifiziertem Papier

ISBN 978-3-89673-816-5 (Print)
ISBN 978-3-89644-352-6 (E-Book)

Verlagsanschrift: Duncker & Humblot GmbH, Carl-Heinrich-Becker-Weg 9,
12165 Berlin, Germany | E-Mail: info@duncker-humblot.de
Internet: http://www.duncker-humblot.de

Vorwort

Die Erstauflage dieses jährlich erscheinenden Informationswerkes für den Berufsnachwuchs der Steuerberater und Wirtschaftsprüfer erschien vor 22 Jahren. Seitdem erfreut sich dieses Buch einer stetig wachsenden Beliebtheit – dies dokumentiert nicht zuletzt eine Gesamtauflage von nahezu 100.000 Print-Exemplaren sondern auch die rasante Zunahme der Downloads (der Text wurde 2024 bereits 3.000! mal heruntergeladen – mit stark steigender Tendenz).

In der vorliegenden, 23., überarbeiteten Auflage dieses für den Berufsnachwuchs der Steuerberater und Wirtschaftsprüfer wichtigen Informationswerkes stellen sich zahlreiche Wirtschaftsprüfungs- und Steuerberatungsgesellschaften vor. Neben den wichtigsten „harten Fakten" wie Unternehmensgröße, Niederlassungen, Ansprechpartner für Berufseinsteiger etc. werden dem Leser interessante Informationen z. B. über Firmenphilosophie, Einstellungsvoraussetzungen, Karrieremöglichkeiten, finanzielle Förderung der Berufsexamina etc. gegeben. Die Auswahl der entsprechenden thematischen Schwerpunkte wurde dabei bewusst den einzelnen Wirtschaftsprüfungs-/Steuerberatungsgesellschaften überlassen. Dadurch erhält der künftige Steuerberater bzw. Wirtschaftsprüfer oder der Young Professional einen facettenreichen Einblick und eine wichtige Orientierungshilfe für den Berufseinstieg bzw. die berufliche Weiterentwicklung.

Die Unternehmensprofile werden ergänzt um ausgewählte Anbieter von Examens-Vorbereitungskursen sowie einem Beitrag zur Karriereplanung.

Das generische Maskulinum dient nur der leichteren Lesbarkeit des Texts. Sämtliche Angaben beziehen sich auf alle Geschlechter.

Weitergehende Informationen und aktuelle Stellenangebote finden Sie auf der neuen Jobbörse der virtuellen Plattform:

www.berufsziel-steuerberater.de bzw. *www.berufsziel-wirtschaftsprüfer.de*

Für Anregungen und konstruktive Kritik bin ich stets dankbar.

Dr. Detlef Jürgen Brauner
Herausgeber

Inhalt

Ausgewählte Anbieter von Examens-Vorbereitungskursen und Karriereplanung

Baker Tilly

Cecilienallee 6–7, 40474 Düsseldorf
E-Mail: career@bakertilly.de, Internet: karriere.bakertilly.de

Standorte: Berlin, Dortmund, Düsseldorf, Frankfurt a.M., Hamburg, Leipzig, München (inkl. Büro in Regensburg), Nürnberg, Schwerin, Stuttgart

Anzahl der Mitarbeiter: 1.680 in Deutschland, 43.515 weltweit

Kontaktperson für Bewerbungen:
Baker Tilly Talent Acquisition Team

Voraussichtlicher Bedarf 2026:
- Berufseinsteiger (m/w/d): 230
- Praktikanten/Werkstudenten (m/w/d): 275
- Referendare/wissenschaftliche Mitarbeiter (m/w/d): 50

Auswahlverfahren:
- Online-Bewerbung auf konkrete Stellenausschreibung oder initiativ über unser Baker Tilly Jobportal
  - Bestätigung des Bewerbungseingangs
  - Prüfung der Bewerbungsunterlagen durch HR und Fachbereich
  - Rückmeldung zur Bewerbung/Gesprächseinladung (i. d. R. innerhalb weniger Werktage)
- 1–2 Vorstellungsgespräche (Einzelgespräche) mit dem Hiring-Manager und weiteren Teammitgliedern

Gewünschte fachliche Qualifikation:
- Studium (Bachelor, Master, Staatsexamen, LL.B. oder LL.M.) im Bereich Wirtschaftswissenschaften, BWL, VWL, Wirtschaftsinformatik, Wirtschaftsingenieurwesen, Wirtschaftsrecht oder Rechtswissenschaften
- Idealerweise relevante Praxiserfahrung durch Praktika/Werkstudententätigkeit für einen Berufseinstieg

Gewünschte persönliche Qualifikation:

- Freude an der interdisziplinären Zusammenarbeit
- Interesse an der Arbeit in internationalen Teams und an internationaler Mandatsarbeit
- Eigenständige Arbeitsweise mit hohem Qualitätsanspruch

Einstiegsgehalt/soziale Leistungen:

- Branchenübliche, leistungsorientierte Vergütung
- 30 Tage Urlaub
- Flexible Arbeitszeitmodelle
- Mobile Work
- Attraktive Weiterbildungsangebote
- Finanzielle und zeitliche Unterstützung bei der Vorbereitung auf Berufsexamina
- Masterförderung
- Secondment
- Sabbatical
- Mehrtägiges Onboarding-Programm
- Betriebliche Altersvorsorge
- Subventionierte Firmentickets
- Bezuschusste Sport-, Bewegungs- und Wellnessangebote
- Firmen- und Team-Events
- Mitarbeiterrabattportal mit monatlich wechselnden Angeboten
- Jobrad
- Familienservice (Beratung z. B. zu den Themen Kinderbetreuung und Pflege von Angehörigen sowie Vermittlung von Pflege- und Betreuungsangeboten)

Einstiegsmöglichkeiten:

- Praktikum/Werkstudententätigkeit/Studentische Aushilfstätigkeit
- Referendariat/wissenschaftliche Mitarbeit/promotionsbegleitende Tätigkeit
- Berufseinstieg nach Studienabschluss
- Vielfältige Jobs für Berufserfahrene (m/w/d)

Zusätzliche Informationen über das Unternehmen:

☒ Internetseite (Adresse): karriere.bakertilly.de

Firmenporträt Baker Tilly

Baker Tilly ist mit 43.515 Expertinnen und Experten in den Bereichen Audit & Advisory, Tax, Legal und Consulting in 143 Ländern vertreten. In Deutschland gehört Baker Tilly mit 1.680 Kolleginnen und Kollegen an 10 Standorten zu den führenden partnerschaftlich geführten Beratungsgesellschaften.

connect. belong. succeed.

Join our vibe!

Bei Baker Tilly suchen wir nicht nur nach weiteren Kolleginnen und Kollegen. Wir suchen nach Studierenden und Berufseinsteigenden mit frischen Ideen und Tatendrang sowie nach Expertinnen und Experten, die als Führungspersönlichkeiten Herausforderungen innerhalb unseres Baker Tilly Netzwerks suchen und gemeinsam mit uns erfolgreich sein möchten.

Vielfältige Teams, eine starke Vernetzung und eine enge Zusammenarbeit über unsere Business Lines hinweg sind für uns essenziell, um stets die höchste Qualität und Professionalität für unsere Mandantschaft sicherzustellen.

Unser Arbeitsalltag bietet einen vielseitigen und bereichernden Raum für persönliches Wachstum, die Übernahme von Verantwortung und das Engagement für das eigene Umfeld – unsere Kolleginnen und Kollegen, Mandantinnen und Mandanten – und für unsere Gesellschaft.

Wirtschaftsprüfung bei Baker Tilly

Allgemeine Facts: Audit & Advisory

Für Baker Tilly bedeutet Prüfung, Ermessensspielräume zu beurteilen, Geschäftsprozesse und die IT von Unternehmen zu bewerten, Chancen und Risiken bzw. das Compliance- und das Risikomanagement abzuschätzen und die Ordnungsmäßigkeit der Rechnungslegung zu bestätigen. Zu den Audit

Services zählen Abschlussprüfungen, Betriebswirtschaftliche Prüfungen, Sonderprüfungen und Prüferische Durchsichten. Das Dienstleistungsportfolio im Advisory Bereich umfasst u. a. Compliance & Risikomanagement, Due Dilligence, HGB Rechnungslegung, Interne Revision, Interne Kontrollsysteme und IT-Advisory.

Audit on Demand: Standard – Comfort – Premium: Welcher Audit-Servicelevel passt am besten zu unseren Mandanten? Als renommierte Wirtschaftsprüfungsgesellschaft bieten wir unseren Mandanten vor allem eines: Sicherheit. Mit höchster Qualität prüfen wir zuverlässig die Vergangenheit und gestalten auf dieser Basis gemeinsam die Zukunft. Mit der maßgeschneiderten Abschlussprüfung „Audit on Demand" haben wir für unsere Mandanten einen neuen, innovativen Rahmen geschaffen, dies nun noch effizienter und effektiver zu tun.

Laut Manager Magazin gehört Baker Tilly zu „Deutschlands besten Wirtschaftsprüfern".

Wissenswertes rund um den Einstieg in der Wirtschaftsprüfung bei Baker Tilly – Ein Dialog mit HR

Welche Einstiegsmöglichkeiten habe ich bei Baker Tilly in der Wirtschaftsprüfung während des Studiums und danach?

Studierende können bei uns Praxiserfahrung in der Wirtschaftsprüfung durch Praktika oder eine Werkstudententätigkeit sammeln. Nach erfolgreichem Bachelor- oder Masterabschluss steigt man bei uns als Wirtschaftsprüfungsassistent (m/w/d) ein.

Gibt es einen bestimmten Zeitpunkt im Jahr, welcher sich besonders für ein Praktikum in der Wirtschaftsprüfung anbietet?

Ein ganz eindeutiges JA. Für ein Praktikum in der Wirtschaftsprüfung empfehle ich die Zeit während der sogenannten Busy Season, um möglichst vielfältige und tiefe Einblicke zu erhalten.

Alexandra von Bönninghausen
Talent Acquisition

Ist es möglich, bei Baker Tilly das Wirtschaftsprüfungsexamen abzulegen und wird dies unterstützt?

Wir schaffen zeitlich und finanziell Rahmenbedingungen, welche der fachlichen Weiterentwicklung den nötigen Raum geben. Bei der Vorbereitung auf relevante Berufsexamina profitieren unserer Mitarbeiterinnen und Mitarbeiter von Freistellungszeiten bei regulärem Gehalt und einer finanziellen Förderung.

Gibt es eine Masterförderung?

Im Rahmen eines relevanten, berufsbegleitenden Studiums (u. a. nach §§ 8a und 13b WPO) stellen wir unsere Kolleginnen und Kollegen für die Vorlesungszeit frei. Je nach Erfordernissen ihres Studiengangs fördert Baker Tilly sie zudem finanziell und zeitlich, sodass die Prüfungen erfolgreich abgelegt werden können.

Steuerberatung bei Baker Tilly

Allgemeine Facts: Tax Consulting

Das Tax Consulting bei Baker Tilly besitzt verschiedene steuerrechtliche Schwerpunkte. Dazu zählen u. a. Financial Services Tax, International Tax, Steuerdeklaration, Transaction Tax, Indirect Tax, Umsatzsteuer, Unternehmenssteuerrecht und steuerliche Gestaltungsberatung.

Baker Tilly wurde von azur ausgezeichnet und zählt auch im Jahr 2025 zu den *„Top 100 besten Arbeitgebern"*.

azur100 präsentiert jedes Jahr Top-Arbeitgeber mit guten Karriereperspektiven für Juristinnen und Juristen. Bewertet werden Kanzleien und Rechtsabteilungen sowie Behörden und WP-Gesellschaften.

Zudem gehört Baker Tilly 2025 laut JUVE-Ranking mit Platz 18 weiterhin zu den Top-Arbeitgebern im Bereich Steuern.

Wissenswertes rund um den Einstieg im Tax Consulting bei Baker Tilly – Ein Dialog mit HR

Welche Einstiegsmöglichkeiten habe ich bei Baker Tilly in der Steuerberatung während und nach meinem Studium?

Lena Westphal
Talent Acquisition

Während Ihres Studiums haben Sie bei Baker Tilly die Möglichkeit, im Rahmen eines Praktikums oder einer Werkstudententätigkeit Praxisluft zu schnuppern und so umfangreiche Einblicke in die Steuerberatung zu gewinnen.

Mit erfolgreichem Studienabschluss kann man bei uns als Steuerassistent/in bzw. als Consultant im Bereich Tax direkt einsteigen.

Muss man als Bewerber/in bestimmte Voraussetzungen erfüllen?

Ein Praktikum oder eine Werkstudententätigkeit in der Steuerberatung ist bei uns in der Regel ab dem 3. Fachsemester möglich, sobald Sie im Rahmen Ihres Studiums erste steuerliche Theoriekenntnisse erworben haben. Für eine Werkstudententätigkeit haben Sie idealerweise schon erste praktische Erfahrungen gesammelt. Für Ihr Praktikum bei uns sollten Sie mindestens 8 Wochen Zeit mitbringen. Praxiserfahrung ist hier nicht notwendig, diese können Sie gern bei uns erlangen.

Als Berufseinsteiger/in im Tax Consulting sind Sie von Beginn an Teil eines starken Teams und leisten durch die Verantwortung für Ihre eigenen Projekte einen wichtigen Beitrag. Hierfür sollten Sie über erste Praxiserfahrungen in Form von Praktika und/oder Werkstudententätigkeiten verfügen sowie im Rahmen Ihres Studiums Berührungspunkte mit dem Thema Steuern gehabt haben.

Ist es möglich, bei Baker Tilly das Steuerberaterexamen oder den Fachanwalt (m/w/d) für Steuerrecht abzulegen?

Im Rahmen unserer internen Weiterbildungsakademie bieten wir Ihnen verschiedene fachspezifische sowie fachübergreifende Schulungen und Weiterbildungen an. Zudem unterstützen wir aktiv die Ablegung von Berufsexamina zum Steuerberater oder Fachanwalt in Form von zeitlicher sowie finanzieller Förderung.

BDO AG
Wirtschaftsprüfungsgesellschaft

Fuhlentwiete 12, 20355 Hamburg
Tel.: +49 40 30293-600, Internet: www.bdo.de

Standorte: Berlin, Bielefeld, Bonn, Bremen, Chemnitz, Dortmund, Dresden, Düsseldorf, Erfurt, Essen, Flensburg, Frankfurt/Main, Freiburg i. Br., Hamburg, Hannover, Kassel, Kiel, Köln, Leer, Leipzig, Lübeck, Mainz, München, Münster, Nürnberg, Oldenburg, Rostock, Stuttgart

Anzahl der Mitarbeiter: über 3.250

Kontaktperson für Bewerbung:
Recruiting-Team: Juliane Seidel

Online Bewerbung über https://karriere.bdo.de

Voraussichtlicher Bedarf 2026:

Hochschulabsolventen:	rund 150
Praktikanten:	rund 150

Auswahlverfahren für Hochschulabsolventen:
Online-Bewerbung, individuell geführte Interviews

Gewünschte fachliche Qualifikation:
- Studienabschluss in BWL, VWL, Rechtswissenschaften, Wirtschaftsrecht, Wirtschaftsmathematik oder Wirtschaftsinformatik
- gute bis sehr gute Studienleistungen in relevanten Studienschwerpunkten
- idealerweise relevante Praktika oder Nebentätigkeiten
- gute MS-Office- und Englischkenntnisse

Gewünschte persönliche Qualifikation:
Wir suchen Persönlichkeiten, die sich durch unternehmerisches Handeln, eigene Ideen und ein Gespür für Kundinnen und Kunden sowie Mitarbeiterinnen und Mitarbeiter auszeichnen.

Einstiegsgehalt/besondere soziale Leistungen:

- Faires Einstiegsgehalt
- Fachliche und finanzielle Förderung des Examens
- umfangreiche Trainings, maßgeschneiderte Seminare

Zusätzliche Informationen über das Unternehmen:

☒ Internetseite (Adresse): https://karriere.bdo.de
☒ Bewerberbroschüre
☒ Unternehmensbroschüre

Firmenporträt BDO AG Wirtschaftsprüfungsgesellschaft

Regional verwurzelt, international vernetzt

BDO zählt mit über 3.250 Mitarbeiterinnen und Mitarbeitern in 28 Offices zu den führenden Gesellschaften für Wirtschaftsprüfung und prüfungsnahe Dienstleistungen, Steuerberatung und wirtschaftsrechtliche Beratung sowie Advisory in Deutschland.

Wir sind Gründungsmitglied von BDO International (1963), das mit knapp 120.000 Mitarbeiterinnen und Mitarbeitern in 166 Ländern die einzige weltweit tätige Prüfungs- und Beratungsorganisation mit europäischen Wurzeln.

Wirtschaftsprüfung

Im Bereich Wirtschaftsprüfung und prüfungsnahe Dienstleistungen führen wir sämtliche Arten der gesetzlichen sowie freiwilligen Prüfungen von Abschlüssen nach nationalen und internationalen Grundsätzen durch. Darüber hinaus decken wir das gesamte Spektrum prüfungsnaher Dienstleistungen ab: von der Internen Revision bis hin zur Konzeptionierung und Beurteilung von Systemen zum Risiko- und Chancen-Management. Durch sichere, beschleunigte und maßgeschneiderte Prozesse in der Abschlussprüfung und gezielte Analysen erreichen wir für unsere Kundinnen und Kunden mehr als nur die Erfüllung gesetzlicher Vorschriften, nämlich einen echten Mehrwert.

Steuern und wirtschaftsrechtliche Beratung

Wir bieten unseren Kundinnen und Kunden das gesamte Spektrum der Steuerberatung und damit verbundener wirtschaftsrechtlicher Beratungsleistungen. Neben der klassischen Steuerberatung kommt dabei angesichts der ungebrochenen Komplexität des Steuerrechts gerade der gestaltenden Steuerberatung und der steuerlichen Transaktionsberatung eine besondere Bedeutung zu.

Unser klares Ziel ist es, die Steuerlast unserer Kundinnen und Kunden langfristig zu mindern und sie sicher durch das komplexe Steuerrecht zu führen.

Advisory

In unserem Unternehmensbereich Advisory halten wir ein umfassendes Angebot an Beratungsleistungen bereit. Hierfür bringen unsere Spezialistinnen und Spezialisten einen großen Erfahrungshintergrund und vielseitige Expertisen mit. Somit können wir unsere Beratung stets auf die individuellen Bedürfnisse und die aktuellen Herausforderungen unserer Kundinnen und Kunden ausrichten. Unser Angebotsportfolio haben wir in den Bereichen Deal Advisory, Financial Services, Strategy & Business Transformation, IT Risk & Performance, Cyber Security, Digital Services, Beratung Öffentlicher Sektor und Beratung Gesundheitswirtschaft gebündelt.

Branchencenter mit interdisziplinären Expertenteams

Jede Branche unterliegt ihren eigenen Regeln – jeder Markt hat seine Besonderheiten. Unsere Mitarbeiterinnen und Mitarbeiter in den BDO Branchencentern sind in ihren jeweiligen Bereichen zu Hause, sie kennen Branchen und Märkte genau. Mit interdisziplinären Expertenteams bieten wir Ihnen bereichsübergreifenden Full-Service. Unsere Bandbreite umfasst dabei alle Wirtschaftszweige, auch die regulierten Bereiche wie Banken & Finanzdienstleister oder Versicherungen, und reicht bis hin zu kommunalen Trägern und Einrichtungen der öffentlichen Hand sowie Non-Profit-Organisationen.

Ihr Einstieg bei BDO

Praktikum/Werkstudententätigkeit

Begleitet von unseren Expertinnen und Experten übernehmen Sie spannende Aufgaben und erhalten tiefe Einblicke in unsere Arbeit in den Bereichen Wirtschaftsprüfung und prüfungsnahe Dienstleistungen, Steuerberatung und wirtschaftsrechtliche Beratung sowie Advisory.

Der Blick in die Praxis hilft Ihnen bei der „Feinabstimmung" Ihrer weiteren Studienschwerpunkte. Wenn uns Ihre fachlichen Qualitäten und Ihre Persönlichkeit überzeugen, ist das eine gute Basis für eine spätere Zusammenarbeit bzw. Festeinstellung. Da wir Sie professionell einsetzen, ist auch Ihre Vergütung leistungs- und ausbildungsgerecht.

Direkteinstieg in einem Unternehmensbereich Ihrer Wahl

- Bachelor-, Master-, Diplomabsolventen
- Bachelor-/Masterabsolventen nach §§ 8a, 13b WPO
- Volljuristinnen und Volljuristen

Wählen Sie nach Ihrem Hochschulstudium den Direkteinstieg, erwarten Sie bei uns viele interessante Tätigkeiten, frühzeitige Eigenverantwortung und ein kollegiales Arbeitsumfeld. Während Sie die Möglichkeit erhalten, Ihre fachlichen Qualifikationen in der Praxis einzubringen und zielgerichtet auszubauen, begleiten wir Sie mit „Training-on-the-job“ und einem strukturierten Entwicklungsplan.

Referendariat/Wahlstation

Möchten Sie sich als Rechtswissenschaftlerin oder Rechtswissenschaftler auf dem Weg zur Rechtsassessorin/zum Rechtsassessor auf den Bereich Steuerberatung und wirtschaftsrechtliche Beratung spezialisieren? Dann haben Sie bei uns die Möglichkeit, im Rahmen Ihres Referendariats eine Wahlstation zu absolvieren.

Referendarinnen und Referendare erhalten bei uns einen tiefen und praxisnahen Einblick in ihr zukünftiges berufliches Umfeld, da sie – unter fachlicher Begleitung – projektbezogene Aufgaben vorbereiten und mit deren Durchführung betraut werden.

Ihre Karriere – unser Angebot

Wir wünschen uns innovative, unternehmerisch denkende Mitarbeiterinnen und Mitarbeiter, die ihre Ideen mit fundiertem Know-how umsetzen und gemeinsam mit uns weiterkommen wollen. Dafür finden Sie neben geeigneten Rahmenbedingungen für Ihren persönlichen Karriereweg ein transparentes Laufbahnkonzept und ein gezieltes Aus- und Weiterbildungsangebot während

Ihrer gesamten beruflichen Laufbahn. Dabei stehen für uns „Training on the Job“ sowie „theoretische“ Ausbildung gleichrangig nebeneinander. Unsere Aus- und Weiterbildungsveranstaltungen erfolgen durch Fachexpertinnen und Fachexperten und qualifizierte Trainerinnen und Trainer. Streben Sie ein Berufsexamen an, fördern wir Sie fachlich und finanziell auf Ihrem Weg dorthin.

Ihre Bewerbung

Neugierig auf einen Einstieg bei uns? Unter https://karriere.bdo.de finden Sie weitere Informationen und unsere aktuellen Stellenangebote. Auf dieser Seite können Sie sich direkt online bewerben.

Sie möchten gerne Teil unseres Teams werden, haben aber keine passende Stelle auf unserer Karriereseite gefunden? Dann bewerben Sie sich gern initiativ über unser Bewerbungsportal und erzählen Sie uns, wie und wo Sie die Zukunft mit uns gestalten möchten.

Fragen zur Bewerbung oder zu Ihrem Einstieg beantwortet Ihnen unser Recruiting-Team gerne unter:
Tel.: +49 40 30293-600

Wir freuen uns auf Ihre Bewerbung!

BSKP Dr. Broll Schmitt Kaufmann & Partner

Standorte: Berlin, Chemnitz, Dortmund, Dresden, Ettlingen, Frankfurt am Main, Freiberg, Friedrichshafen, Heilbronn, Karlsruhe, Ludwigsburg, Magdeburg, Mannheim, Marbach am Neckar, Riesa, Stuttgart, Ulm

Anzahl der Mitarbeiter: 400
davon Berufsträger: 120 StB/WP/RA

Kontaktpersonen für Bewerbungen:
Für Berlin: WP/StB Ernst-Hartmann Weppler
Wallstraße 15A, 10179 Berlin
Tel.:+ 49 30 88 00 783-0, Fax: +49 30 88 00 783-99,
E-Mail: berlin@bskp.de

Für Dresden: WP/StB Thilmann Horn
Fetscherstraße 29, 01307 Dresden
Tel.: +49 351 318 90-0, Fax: +49 351 318 90-99,
E-Mail: dresden@bskp.de

Für Frankfurt am Main: WP/StB Jens Vogler
Paul-Gerhardt-Ring 32, 60528 Frankfurt
Tel.: +49 69 96 78 08-0, Fax: +49 69 96 78 08-26,
E-Mail: frankfurt@bskp.de

Für Stuttgart: WP/StB Bernd Lienemann
Kleiner Schlossplatz 13–15, 70173 Stuttgart
Tel.: +49 711 722 33 96-0, Fax: +49 711 722 33 96-66,
E-Mail: stuttgart@bskp.de

Voraussichtlicher Bedarf 2026:

Steuer-/Prüfungsassistenten:	3–5
Praktikanten:	3–5
Steuerberater, Wirtschaftsprüfer, Rechtsanwälte:	3–5

Auswahlverfahren:
Analyse der Bewerbungsunterlagen, telefonisches Interview, Online-Meeting/Vorstellungsgespräch

Ihr Profil:
Wirtschaftswissenschaftliches oder juristisches Studium (Bachelor, Master, Diplom, Staatsexamen) mit Studienschwerpunkten Rechnungswesen, Prüfungswesen, Steuerlehre und Steuerrecht. Gute bis sehr gute Abschlüsse, gute Englisch- und EDV-Kenntnisse, große Motivation, Teamfähigkeit und Engagement sowie die Fähigkeit zum sorgfältigen und präzisen Arbeiten.

Einstiegsgehalt/besondere soziale Leistungen:
- Einstiegsgehalt je nach Qualifikation
- Umfangreiche Fort- und Weiterbildungsmöglichkeiten
- Persönliche und fachliche Unterstützung bei der Vorbereitung auf Berufsexamina

Zusätzliche Informationen über das Unternehmen:
☒ Internetseite (Adresse): www.bskp.de
☐ Bewerberbroschüre
☒ Unternehmensbroschüre

Firmenportrait
BSKP Dr. Broll Schmitt Kaufmann & Partner

Unternehmen

In unserer im Jahre 1990 gegründeten Partnerschaftsgesellschaft Dr. Broll Schmitt Kaufmann & Partner, kurz BSKP, setzt sich ein motiviertes, leistungsstarkes Team aus Spezialisten und hoch qualifizierten Mitarbeitern mit großem Engagement für maßgeschneiderte Lösungen im Interesse unserer Mandanten ein.

Wenn es um die wirklich wichtigen Dinge geht, sind unsere Mandanten mit BSKP immer einen Zug voraus. Warum? Weil wir fundiertes Wissen aus verschiedensten Bereichen unter einem Dach vereinen. Kurze Entscheidungswege sichern schnelles Handeln. Vorausschauendes Planen kalkuliert Risiken und Eventualität ein, so dass neben überlegter Taktik auch alternative Strategien zum Tragen kommen. Dabei legen wir großen Wert auf intensiven und persönlichen Kontakt zwischen Mandant und Berater. Bei uns bekommen unsere Mandanten das Gefühl und die Sicherheit, auf einen vertrauenswürdigen Partner bauen zu können.

Steuerberatung

Ob mittelständisches Unternehmen, global agierender internationaler Konzern, Praxis oder Privatperson, bei allen wirtschaftlichen Aktivitäten sind Steuern wert- und entscheidungsbeeinflussende Faktoren. Wir verstehen es als unser Leitbild und als Herausforderung, für unsere Mandanten die optimale Steuergestaltung zu entwickeln.

Neben der Übernahme der klassischen Aufgaben wie Jahresabschlusserstellung, Finanz- und Lohnbuchhaltung und Steuererklärungen betreuen wir unsere Mandanten auch erfahren und versiert bei komplexen Fragestellungen. Dazu gehören Investitionsentscheidungen, Expansion im In- und Ausland, Sanierung und Krise, Unternehmenskauf und -verkauf, Unternehmensnachfolge, Schenkungen und Erbregelungen sowie Vermögens- und Unternehmensumstrukturierungen aller Art. Auch gemeinnützige Organisationen, Vereine und Stiftungen schätzen unsere Expertise. Wir beraten unsere Mandanten kompetent und individuell, bei Bedarf gemeinsam mit unseren Fachanwälten aus den jeweiligen Rechtsgebieten.

Auch bei grenzüberschreitenden Fragestellungen können wir unsere Mandanten auf höchstem Niveau beraten. Als Mitglied von DFK International, einer der führenden Assoziationen von unabhängigen Wirtschaftsprüfungs- und Steuerberatungsgesellschaften weltweit, stehen uns die Ressourcen und das Know-how von rund 500 Büros in 100 Ländern der Welt zur Verfügung.

Wirtschaftsprüfung

Die Wirtschaftsprüfung ist eine Vorbehaltsaufgabe, bei der Fachkompetenz und Integrität oberste Priorität haben – Werte, die für alle von uns erbrachten Dienstleistungen charakteristisch sind.

Zahlreiche Unternehmen, insbesondere aus dem Mittelstand, aber auch aus dem Gemeinnützigkeitssektor und dem Gesundheitswesen, lassen von unseren Wirtschaftsprüfern gesetzliche und freiwillige Prüfungen durchführen. Ergänzt wird das Portfolio durch ein breites Spektrum prüfungsnaher Dienstleistungen wie Aufbau und Begleitung der internen Revision oder die Überprüfung der internen Kontrollsysteme (IKS). Durch unser Fachwissen und unsere Erfahrung können wir unseren Mandanten Verbesserungspotenziale aufzeigen, die den Wert unserer Prüfung für deren Unternehmen deutlich steigern. Auch für die Bewertung von Unternehmen oder Gesellschaften, beispielsweise im Kontext mit einer Erbschaft oder einer gesellschaftsrechtlichen Auseinandersetzung oder beim Kauf und Verkauf von Unternehmen und Anteilen, können unsere Mandanten auf die Kompetenz unserer Wirtschaftsprüfer zurückgreifen. Bei all diesen Leistungen profitieren unsere Mandanten auch hier von der engen Verzahnung von Wirtschaftsprüfern, Steuerberatern und Rechtsanwälten in unserer Gesellschaft.

Rechtsberatung

Wirtschaftliches Verständnis sowie Kennen und Erkennen der unternehmerischen und branchenspezifischen Gegebenheiten ermöglichen fundierte, rechtlich sichere Beratung und ganzheitliche Lösungen. Wir bieten unseren Mandanten die Grundlagen, mit denen diese für sich und ihr Unternehmen die richtigen Entscheidungen treffen können.

Durch eine umfassende Beratung und Gestaltung von rechtssicheren Verträgen und Verfahrensabläufen können wir zu mehr Rechtssicherheit und Streitvermeidung beitragen. Und falls es zum Streit kommt, setzen wir die Rechte und Ansprüche unserer Mandanten durch. Wir können diesen in sämtlichen Rechtsbereichen des Wirtschaftsverkehrs rechtlichen Rat und Unterstützung geben. Die Expertise unserer Rechtsanwälte wird durch zahlreiche Fachanwaltschaftstitel unterstrichen. Unsere Anwälte arbeiten eng miteinander und mit unseren Steuerberatern und Wirtschaftsprüfern zusammen, um bestmögliche interdisziplinäre Lösungen zu entwickeln und umzusetzen. Wir geben unseren Mandanten verlässliche Antworten.

Karrieremöglichkeiten

Mit dem Eintritt bei Dr. Broll Schmitt Kaufmann & Partner starten Sie Ihre Kariere auf dem Weg zum Steuerberater und Wirtschaftsprüfer. Dabei legen wir Wert darauf, dass Sie von Anfang an eine breit ausgerichtete Ausbildung in allen Bereichen bekommen. Für uns stellt eine breite Ausbildung die beste Basis dar, auch wenn Sie später wünschen, einer Spezialisierung nachzugehen.

Für die Ausbildung haben wir keine vorgefertigten Konzepte, sondern wir legen Wert auf eine an den jeweiligen Berufsanfänger individuell angepasste Ausbildung. Diese umfasst neben internen Schulungen auch externe Seminare bis hin zu den Vorbereitungen auf die Berufsexamina. Dabei unterstützen wir unsere Mitarbeiter in fachlicher, zeitlicher und finanzieller Hinsicht.

Deloitte Wirtschaftsprüfungsgesellschaft Steuerberatungsgesellschaft

Erna-Scheffler-Straße 2, 40476 Düsseldorf
Tel.: +49 211 8772-4111, E-Mail: career@deloitte.de
Internet: careers.deloitte.com

Standorte: 16 in Deutschland, international in über 150 Ländern vertreten

Anzahl der Mitarbeiter: rund 13.700
davon Berufsträger: 563 WP, 822 StB, 356 WP/StB, 138 Volljuristen

Kontaktperson für Bewerbung:
Deloitte Recruitingteam
Tel.: +49 211 8772-4111

Voraussichtlicher Bedarf 2026:
Hochschulabsolventen: ca. 2.000
Berufserfahrene: ca. 1.500
Praktikanten: ca. 2.500

Auswahlverfahren:
- Telefoninterviews, Einzelinterviews
- Fallstudien

Gewünschte fachliche Qualifikation:
- Studium der Wirtschaftswissenschaften (mit mindestens einer der Spezialisierungen Wirtschaftsprüfung, Revision, Rechnungslegung, Finance & Controlling, Bankwesen/Kreditwirtschaft und/oder Steuerlehre), (Wirtschafts-)Informatik, (Wirtschafts-)Mathematik, Naturwissenschaften und Rechtswissenschaften (mit Schwerpunkt Steuer- oder Gesellschaftsrecht), Geistes- und Sozialwissenschaften (mit ersten einschlägigen Erfahrungen im Audit & Assurance-Umfeld)

- branchenbezogene Praktika – ggf. auch Auslandspraktika sowie verhandlungssichere Deutsch- und Englischkenntnisse

Gewünschte persönliche Qualifikation:
- Kommunikations- und Teamfähigkeit
- Lernbereitschaft, Eigeninititative und Verantwortungsbewusstsein
- analytische und konzeptionelle Fähigkeiten
- kundenorientiertes Auftreten

Einstiegsgehalt/besondere soziale Leistungen:
- finanzielle und zeitliche Unterstützung bei der Vorbereitung auf die Berufsexamina
- vielfältige und maßgeschneiderte Weiterentwicklungsmöglichkeiten, u. a. an der Deloitte University, über verschiedene Lernplattformen sowie unsere Learning App CURA
- private Nutzung eines hochwertigen Firmen-Smartphones
- MyBike: Leasing von Fahrrädern für Mitarbeitende zu Deloitte-Konditionen
- Well-being Programm mit Wellhub in mehr als 5.000 Einrichtungen
- Corporate Benefits: Mitarbeitervergünstigungen und Rabatte
- Refer a Friend: Mitarbeiterempfehlungsprogramm mit attraktiven Prämien
- Deutschlandticket: Bezuschussung
- Flexible Arbeitszeitmodelle, z. B. Teilzeit, Vertrauensarbeitszeit, Freizeitnahme vom Langzeitkonto, Sabbaticals, Mobile Working sowie Remote Working aus den meisten EU-Ländern
- Corporate Volunteering: Freistellung von bis zu 8 Stunden/Jahr für soziales und ehrenamtliches Engagement
- 30 Tage Urlaub plus 3 festgelegte zusätzliche freie Tage pro Jahr
- Option auf Mitarbeit bei internationalen Projekten sowie Entsendungen

Zusätzliche Informationen über das Unternehmen:

☒ Internetseite (Adresse): careers.deloitte.com
☐ Recruitingbroschüre
☐ Unternehmensbroschüre

Firmenporträt Deloitte

Wir sind die weltweit führende Professional Services Firm. Und bieten Prüfungs- und Beratungsleistungen für nahezu 90 % der Fortune Global 500-Unternehmen und tausende private Unternehmen vieler Branchen an. In unseren Geschäftsbereichen Audit & Assurance, Tax & Legal, Advisory und Consulting können wir so für den größtmöglichen Impact auf Unternehmen, Institutionen, die Wirtschaft und unsere Gesellschaft sorgen.

Dabei setzen wir auf Talente aus vielen Fachbereichen von BWL bis MINT. Denn um die komplexen Aufgaben unserer Zeit zu lösen, braucht es eine Vielfalt an Fachwissen, Backgrounds und Persönlichkeiten. So arbeiten wir als starkes Wir in flachen Hierarchien auf Augenhöhe, vertrauen und unterstützen uns. Mit einem hohen Anspruch in allem, was wir tun. Schließlich wollen wir die Dinge besser machen – mit Lösungen, die wirken.

Dazu gehört ein gutes Verständnis für die Probleme unserer Kunden, aber auch die Neugier und der Mut, neu zu denken. Innovation ist deshalb Teil unserer DNA und eine unternehmerische Verantwortung, die wir täglich leben. Egal, ob in unseren Garagen oder unserem AI Institute: Durch Thought Leadership möchten wir uns als Vorreiter des Wandels etablieren.

Audit & Assurance

Geschäftsmodelle und Rahmenbedingungen ändern sich stetig. Wir haben zukunftssichere Antworten und sorgen mit Fakten für Sicherheit. So heben wir Themen wie Prüfungsangebote, internationale Rechnungslegung oder IT- und Sonderprüfungen auf ein neues Level. Dabei arbeiten wir mit digitalen Tools und innovativen Methoden, die unsere interdisziplinären Teams aus Wirtschaftswissenschaft, Informatik und Ingenieurswissenschaft noch effizienter machen. Eine Vielfalt an Fachwissen und Aufgaben, an der du täglich wachsen kannst.

Tax & Legal

Globalisierung, Digitalisierung und immer neue Gesetze halten unsere Kunden in Atem. Wir geben Sicherheit und sorgen dafür, dass Unternehmen diese Chancen nutzen können. Egal, ob passende Rechtsform, steuerliche Risikoberatung bei Unternehmenstransaktionen, grenzübergreifende Steuerfragen oder Unterstützung im Bereich Verrechnungspreise. Daran arbeiten wir mit hohem Anspruch in flexiblen Teams, in denen du schnell ein fester Bestandteil bist. Und vom wertvollen Wissensaustausch mit erfahrenen Kolleg:innen profitierst.

Consulting – Technology & Transformation

Wer als Unternehmen zukunftsfähig sein will, steht vor großen technologischen Herausforderungen in Marketing, Vertrieb, HR, Finanzen oder IT. Wir unterstützen entlang der gesamten Wertschöpfungskette und sorgen mit neuen Technologien für die nötige Transformation. Von Cloud-Lösungen über AI bis hin zu SAP-Transformationen sichern wir so das Wachstum unserer Kunden. Eine Performance, die nur durch große Expertise und eine agile Kultur möglich ist. Und eine starke Gemeinschaft, die offen für jede gute Idee ist – auch für deine.

Advisory – Strategy, Risk & Transactions

Unsere Kunden müssen mit Klimawandel, starken geopolititschen Veränderungen und hohen finanziellen Risiken umgehen. Umso wichtiger ist ein Partner mit Beratungskompetenz in vielen Geschäftsbereichen, der vorhandene Werte schützt und neue schafft. Dafür stehen unsere Teams von Mergers & Acquisitions über Strategy und Forensic bis hin zu Regulatory & Financial Risk. Eine Bandbreite, in der du mit deinen individuellen Stärken Großes bewirken kannst – egal, ob du dich für Finanzen, Risikomanagement, Transformation oder Nachhaltigkeit interessierst.

Arbeitsplatz neu gedacht: New Work bei Deloitte

Kollaboration und Kreativität entstehen vor allem dann, wenn Menschen unter idealen Bedingungen zusammenkommen. Unser Bürokonzept Beyond-

FLOW steht für eine inspirierende, effiziente Büroumgebung: Mit Silent Rooms für konzentriertes Arbeiten, Co-Working Spaces für gemeinsamen Austausch, aber auch Lounge Ecken für die entspannte Kaffeepause. Denn nur wer sich wohlfühlt, kann gute Arbeit leisten. Deshalb setzen wir auch viele Impulse für dein körperliches und geistiges Wohlbefinden – von Fitness bis Entspannung.

Dein Karriereplan bei Deloitte

Unser Leistungsspektrum bringt nicht nur unsere Kunden und die Gesellschaft voran, sondern auch jede:n von uns – durch eine hohe Lernkurve on the Job. Mit über 1.000 Trainingsangeboten auf diversen Lernplattformen gewährleisten wir kontinuierliche Weiterbildung. On top bieten wir viele Möglichkeiten, die eigene Karriere selbst zu gestalten. Von individuellen Entwicklungsplänen über Coaching, Mentoring und der Deloitte University in Paris bis hin zur Förderung von Qualifizierungen wie Berufsexamina oder berufsbegleitenden Masterstudiengängen.

Denn nur wenn unsere Mitarbeitenden wachsen, können wir als Unternehmen es auch.

Der erste Schritt zum Erfolg – das Praktikum

Als Praktikant:in bei Deloitte erhältst du Einblick in unseren Berufsalltag, knüpfst Kontakte und lernst unsere Unternehmenskultur kennen. Wir legen viel Wert darauf, dich auch schon während deines Praktikums voll zu integrieren und zu fördern. Daher übertragen wir dir kleinere Aufgabenbereiche, die du eigenverantwortlich bearbeitest. Wenn du dich besonders bewährst, hast du die Chance, in unsere Talent Community aufgenommen zu werden. Deine Vorteile: Du profitierst von einem vereinfachten Bewerbungsprozess und wirst exklusiv zu spannenden Events, Workshops und Webcasts eingeladen.

Bachelor oder Master? – Willkommen an Bord!

Du hast deinen Bachelor in der Tasche? Wunderbar, dann kann es ja gleich losgehen. Als Mitglied eines Prüfungs- oder Beratungsteams übernimmst du schon früh eigenständige Aufgabenkomplexe. So erhältst du viel Raum für deine persönliche Entwicklung. In einer durch offene Kommunikationsstrukturen geprägten Arbeitsumgebung kannst du deine Stärken einbringen und Verantwortung übernehmen.

Masterförderung

Du möchtest noch einen draufsetzen und deinen Master machen? Wir unterstützen dich dabei. Wir arbeiten mit verschiedenen Hochschulen zusammen, um unseren High Potentials den praxisbezogenen, berufsbegleitenden Masterstudiengang AuditXcellence anzubieten. Auf diesem Karriereweg zum Wirtschaftsprüferexamen kannst du den Masterabschluss mit dem Berufsexamen kombinieren, denn einige Studienleistungen können auf das Examen angerechnet werden.

Die Kolleg:innen aus der Steuerberatung erhalten durch den Mannheimer Master of Accounting & Taxation (MaMAT) wesentliche Vorteile, da die im Studienplan integrierten Repetitorien und Klausurvorbereitungskurse eine gute Vorbereitung auf die Steuerberatungspraxis bieten. Zudem wird der MaMAT umfassend finanziell und zeitlich durch Deloitte gefördert.

Training und Entwicklung

Wir bieten unseren Mitarbeitenden regelmäßige Trainings zur fachlichen und persönlichen Weiterentwicklung, die speziell auf ihren Bereich und ihre Position zugeschnitten sind.

Förderung von Berufsexamina: Deine theoretische und praktische Ausbildung ist so aufgebaut, dass du systematisch auf das für deinen Aufgabenbereich relevante Examen – z. B. Steuerberater und/oder Wirtschaftsprüfer – vorbereitet wirst. Zeitliche Freiräume sowie unsere großzügige finanzielle Förderung halten dir während der Prüfungsphase den Rücken frei, damit du dich auf das Wesentliche konzentrieren kannst.

International Assignments: Durch die Arbeit an grenzüberschreitenden Projekten erweiterst du immer wieder deinen Horizont. Je nach Einsatzgebiet arbeitest du schon früh in international zusammengesetzten Teams mit. Bei entsprechender Qualifikation und Berufserfahrung sammelst du während eines bis zu drei Jahren dauernden Auslandseinsatzes Erfahrungen und Eindrücke in fremden Kulturen.

Neugierig auf spannende Aufgaben? – Dein Weg zu uns

Unser Angebot an spannenden und herausfordernden Aufgaben findest du im Internet unter job.deloitte.com. Dort kannst du deine Bewerbung gleich online hochladen und findest Antworten auf deine Fragen rund um den Bewerbungsprozess.

Wir freuen uns auf dich!

DRP RANDERATH & PARTNER PartG mbB

D|R|P RANDERATH & PARTNER
Wirtschaftsprüfung · Steuerberatung

Grebbener Straße 2 – 52525 Heinsberg
Tel. 0049 2452/9194-0, heinsberg@drp-partner.de
Am Kraftversorgungsturm 5 – 52070 Aachen
Tel. 0049 241/701300-0, aachen@drp-partner.de

Standorte
Heinsberg, Aachen

Anzahl der Mitarbeiter
mehr als 80 (davon 28 Berufsträger)

Kontaktpersonen für Bewerbung
Dipl.-Finanzwirt (FH) Marc Jütten, WP/StB
Dipl.-Finanzwirtin (FH) Carolin Gruß, StBin
bewerbung@drp-partner.de

Voraussichtlicher Bedarf
Laufender Bedarf an qualifizierten, motivierten und engagierten Absolventinnen und Absolventen in den Bereichen Steuerfachangestellt*in, Steuerfachwirt*in, Bilanzbuchhalter*in und Steuerberater*in

Auswahlverfahren
- Onlinebewerbung oder aussagekräftige klassische Bewerbungsunterlagen
- Erstes persönliches Bewerbungsgespräch
- Zweites Bewerbungsgespräch mit zeitnaher Rückmeldung

Gewünschte fachliche Qualifikation
- Erfolgreicher Abschluss im Bereich Wirtschaftswissenschaften/Steuerlehre (Bachelor-/Masterabschluss)

- Berufsausbildung oder branchenbezogene Praktika von Vorteil (ebenso erste Datev-Kenntnisse)
- IT- und Fremdsprachenkenntnisse (insbesondere Englisch oder Niederländisch) wünschenswert

Gewünschte persönliche Qualifikation
- Hohe Motivation und Leistungsbereitschaft
- Hohe Lernbereitschaft und Neugier auf berufliche Herausforderungen
- Teamplayer und Freude an der Arbeit

Einstiegsgehalt/besondere soziale Leistungen:
- Branchenübliche Vergütung je nach Qualifikation und Berufserfahrung
- 30 Urlaubstage
- Flexible Arbeitszeiten und Möglichkeit zum Homeoffice
- Modernes Arbeitsumfeld
- Finanzielle und fachliche Unterstützung bei Weiterbildungen
- Interne fortlaufende Fortbildungen (Inhouse-Schulungen)
- Strukturierter Onboarding-Prozess
- Gesundheitsprogramm drp-bewegt
- Langfristige Zusammenarbeit in einem leistungsstarken, dynamischen und motivierten Team
- Kostenlose Parkplätze (inkl. E-Ladestationen)
- Mitarbeiterrabattportal
- betriebliche Altersvorsorge mit steuerfreiem Zuschuss

Firmenporträt DRP RANDERATH & PARTNER PartG mbB

Schon seit 1956 stehen wir Unternehmern und vermögenden Privatpersonen als verlässlicher und partnerschaftlicher Berater zur Seite. Unsere Leistungen gehen weit über das hinaus, was man als klassische Steuerberatung und Wirtschaftsprüfung versteht. Wir sind DER persönliche Ansprechpartner in allen wirtschaftlichen und finanziellen Belangen – sowohl im unternehmerischen als auch im privaten Bereich.

Unser Leistungsspektrum umfasst neben der klassischen Wirtschaftsprüfung und Steuerberatung insbesondere die betriebswirtschaftliche Beratung von Unternehmen, die steuerliche Beratung zur optimalen Unternehmensstruktur (inkl. Holdingstrukturen), die Unterstützung im Bereich von Unternehmenstransaktionen (Mergers & Acquisitions), die Unterstützung bei Einführung und Optimierung von unternehmerischen Prozessen für eine nachhaltige Unternehmensführung sowie die Beratung von Unternehmen in der Gründungsphase.

Auch wenn der „Green Deal“ der EU-Kommission nunmehr zu einem „Clean Industrial Deal“ abgeschwächt wurde, wird für viele mittelständischen Unternehmen die sog. Nachhaltigkeitsberichterstattung von enormer Bedeutung sein. Wir unterstützen unsere Mandanten bei der Erfüllung der Anforderungen und haben hierfür ein spezielles Team um einen Substainability-Manager gebildet, der entsprechende Strukturen zur Nachhaltigkeitsberichterstattung bei unseren Mandanten aufsetzt.

In den vergangenen Jahren ist unsere Kanzlei nachhaltig gewachsen. Wir sind insoweit regelmäßig auf der Suche nach qualifizierten und engagierten Kolleginnen und Kollegen. In unserem Team sind Teamgeist und Respekt täglich gelebte Werte. Wir legen großen Wert auf „Teamplayer“ und haben unsere Mannschaft bisher ohne Zwischenschaltung von Personalrecruitern erweitern können. Durch unseren schlanken und strukturierten Bewerbungsprozess haben wir unsere Mannschaft in den vergangenen Jahren stetig verstärken können.

Wir freuen uns, wenn Du Dich in unserem Leitgedanken wiederfindest und Teil unseres Teams werden möchtest. Mehr Informationen findest Du unter www.drp-partner.de.

Interview mit Frau Diplom Finanzwirt*in (FH) Carolin Gruß, Steuerberaterin und Herrn Diplom-Finanzwirt (FH) Marc Jütten, Wirtschaftsprüfer und Steuerberater

Herr Jütten, wofür steht DRP?

Jütten: DRP steht für vollumfängliche Beratung. Wir verstehen uns als DER Ansprechpartner für unseren Mandanten. Dies sind überwiegend mittelständische Familienunternehmen, deutsche Tochtergesellschaften ausländischer Konzerne sowie vermögende Privatkunden. Wir möchten unsere Mandanten in allen wirtschaftlichen und finanziellen Belangen begleiten und betreuen. Hierfür steht uns neben unserem motivierten Team ein erfahrenes Netzwerk an Rechtsanwälten, Notaren, Kreditinstituten sowie der WIRAS-Verbund zur Verfügung. Mit diesem Netzwerk bieten wir unseren Mandanten eine vollumfängliche Betreuung auf höchstem Niveau.

Worin unterscheidet sich DRP von anderen Wirtschaftsprüfungs- und Steuerberatungsgesellschaften, Frau Gruß?

Gruß: Der größte Unterschied zu unseren Wettbewerbern besteht darin, dass wir in der Regel eine langjährige, vertrauensvolle und konstruktive Mandatsbeziehung pflegen. Wir sind nicht nur Berater unserer Mandanten, sondern auch Sparringspartner für unternehmerische Entscheidungen. In persönlichen Gesprächen mit unseren Mandanten wird oft betont, dass DRP sich vollumfassend um die Mandanten kümmert und sich nicht nur als Dienstleister auf das Gebiet der Wirtschaftsprüfung und Steuerberatung beschränkt, sondern letztlich als Wirtschaftskanzlei. Gerade die Verknüpfung von Wirtschaftsprüfung und Steuerberatung ist für unsere Mandanten ein enormer Mehrwert, da hierdurch eine vollumfassende Beratung unter Einhaltung der berufsrechtlichen Vorschriften und Rahmenbedingungen gegeben ist.

Frau Gruß, welche Vorbereitung empfehlen Sie Studentinnen und Studenten im Hinblick auf den Einstieg bei DRP?

Gruß: Im Rahmen eines Studiums im Bereich der Wirtschaftswissenschaften oder Steuerlehre (alternativ sogar Studium an den Hochschulen der Landesfinanzverwaltungen) kann ich nur empfehlen, möglichst viel praktische Erfahrungen zu sammeln. Mehrwöchige Praktika oder eine Anstellung als Werksstudent bei einer Wirtschaftsprüfungs- oder Steuerberatungsgesellschaft sind hier klar von Vorteil und können später ein erster Schritt für den Arbeitseinstieg sein. Auch wenn dies neben dem Zeitaufwand für das Studium zu Lasten der Freizeit geht, ist dies der optimale Schritt, die fachlichen Herausforderung in der Beratungspraxis kennenzulernen und ein Vertrauensverhältnis in einem möglichen zukünftigen Team aufzubauen.

Wie erfolgt der Einstieg bei DRP, Herr Jütten?

Jütten: Nach erfolgreichem Abschluss des Bewerbungsverfahrens erhalten unsere neuen Kolleginnen und Kollegen bereits vor dem offiziellen Start bei uns eine Onboarding Mappe mit allen wichtigen Informationen. Ebenso lernen die neuen Kollegen und Kolleginnen vor dem ersten Arbeitstag das Team und Ihre persönlichen Ansprechpartner*innen durch die Einladung zu unseren monatlichen After-Work Treffen kennen. Am ersten Tag wird den neuen Teammitgliedern dann unser strukturierter Onboarding-Prozess im Detail vorgestellt. Gerade der Einstieg soll möglichst reibungslos funktionieren. Hierdurch können neue Kolleginnen und Kollegen innerhalb kurzer Zeit in unser dynamisches und motiviertes Team eingebunden werden.

D|R|P RANDERATH & PARTNER PartG mbB
Wirtschaftsprüfungsgesellschaft · Steuerberatungsgesellschaft

Heinsberg
Grebbener Straße 2
52525 Heinsberg-Oberbruch
T 0049 2452/9194-0
bewerbung@drp-partner.de

Aachen
Am Kraftversorgungsturm 5
52070 Aachen
T 0049 241/701300-0
bewerbung@drp-partner.de

RSM Ebner Stolz

Kronenstr. 30, 70174 Stuttgart,
Tel.: +49 711 2049-0
E-Mail: mail@ebnerstolz.de, Internet: www.ebnerstolz.de/karriere

Standorte: Berlin, Bonn, Bremen, Düsseldorf, Frankfurt, Hamburg, Hannover, Karlsruhe, Köln, Leipzig, München, Ravensburg, Reutlingen, Siegen, Stuttgart

Mitarbeiter: über 2.700

Leistungsspektrum:
Wirtschaftsprüfung, Steuerberatung, Rechtsberatung, Unternehmensberatung

Umsatz 2023: EUR 481,5 Mio

Personalbedarf 2026:
Direkteinstieg, Praktikum, Werkstudierendentätigkeit, Rechtsreferendariat

Auswahlverfahren:
Wir interessieren uns für dich als Person und freuen uns auf ein persönliches Kennenlernen. Wir verzichten bewusst auf anonyme Assessment Center und nehmen uns ausreichend Zeit, damit sowohl du als auch wir einen bestmöglichen Eindruck voneinander bekommen.

Gewünschte fachliche Qualifikation:
Wirtschaftswissenschaften, Rechtswissenschaften, (Wirtschafts-)Informatik, (Wirtschafts-)Mathematik, Wirtschaftsingenieurwesen

Einstiegsgehalt/besondere soziale Leistungen:
- Flexible Arbeitszeiten
- Wertkonto für individuelle Freistellungsphasen
- Überstundenregelung
- Mobiles Arbeiten
- Corporate Benefits (Mitarbeiterrabatte)
- Mobilitätsbudget

- Internationale Möglichkeiten
- Workation
- Onboardingprogramm
- Jobrad
- Attraktive Weiterbildungsangebote und einzigartige Examensförderung
- Zentrale Lage und gute Verkehrsanbindung

Kontaktperson für Fragen und Bewerbungen:

Manuela Topalis, HR Specialist – Talent Acquisition & Campus
Tel: +49 711 2049-1777, E-Mail: manuela.topalis@ebnerstolz.de

Firmenporträt RSM Ebner Stolz

Willst du wissen, was Unternehmen erfolgreich macht? Direkt mit Entscheidern am Tisch sitzen? Unmittelbar erleben, was dein Können bewirkt? Gemeinsam mit dir bringt RSM Ebner Stolz den Mittelstand voran – in Wirtschaftsprüfung, Steuer-, Rechts- und Unternehmensberatung. Mit über 2.700 Mitarbeitenden sind wir deutschlandweit präsent, weltweit an mehr als 820 Standorten unseres internationalen RSM-Netzwerks vertreten. Unser Erfolg lebt von starken Menschen mit Ecken und Kanten. Deshalb stehen wir für Freiraum statt Vorgaben. So kannst du fachlich dein Thema entdecken und vorantreiben. Bei RSM Ebner Stolz entwickelst du dich schneller und mit dem Blick aufs große Ganze. Denn wir arbeiten über Hierarchien und Spezialthemen hinweg zusammen. Bewege mit uns den Mittelstand!

Wirtschaftsprüfung und Steuerberatung

Steuerberatung ODER Wirtschaftsprüfung? Wir sagen ganz klar: Bei uns ist beides möglich!

An vielen Standorten gibt es die Möglichkeit, in einem generalistischen Team einzusteigen und beide Tätigkeitsfelder kennen zu lernen. Viele unserer Mitarbeitenden schätzen die Vielfältigkeit der Aufgaben sehr und vertiefen erst einmal ihre Kenntnisse auf beiden Gebieten, bevor sie sich für einen Schwerpunkt entscheiden. Auch durch unsere mittelständisch geprägten Mandate werden wir in unserer täglichen Arbeit laufend mit Fragestellungen aus beiden Bereichen konfrontiert.

Aufgabengebiete

Was erwartet dich in der Steuerberatung?

Du lotst im Team unsere Mandanten durch die schwere See der steuerlichen Vorschriften. Dein Aufgabenspektrum geht dabei weit darüber hinaus, eine

Steuererklärung auszufertigen. Denn deine Beratung umfasst beispielweise auch die Steueroptimierung: bei Unternehmensgründungen und -umstrukturierungen, bei wirtschaftlichen Veränderungen, Aktivitäten im Ausland und beim Generationenwechsel.

Was erwartet dich in der Wirtschaftsprüfung?

Zusammen mit deinem Team führst du Jahresabschlussprüfungen nach nationalen und internationalen Rechnungslegungsstandards durch. Damit sicherst du das Vertrauen der Öffentlichkeit (zum Beispiel von Banken und Anlegern) in Unternehmen. Daneben erwarten dich aber auch spannende Aufgaben aus den Themenfeldern Transaction Advisory Services, Interne Revision und Restrukturierung.

Gesuchte Qualifikationen

Unsere Talente bringen mit:

- ein großes Interesse an wirtschaftlichen Sachverhalten
- Begeisterung für komplexe und vielfältige Fragestellungen
- idealerweise erste praktische Erfahrungen im jeweiligen Bereich

Außerdem haben unsere Talente Lust an der eigenen persönlichen und fachlichen Entwicklung. Denn wir legen großen Wert darauf, diese Entwicklung bei uns zu begleiten und zu fördern!

Was macht es besonders, für uns zu arbeiten?

Erlebe, was es bedeutet, nah am Mandanten zu sein. Du arbeitest dabei mit verschiedenen Persönlichkeiten und Kollegen auf unterschiedlichen Hierarchiestufen im Team zusammen und kommunizierst Ergebnisse an Teamkollegen und Mandanten. Die Arbeit mit unseren erfahrenen Mitarbeitern sowie gezielte Schulungen und Seminare unterstützen dich dabei, wichtige Fähigkeiten zu erlangen. Du lernst, selbstständig Informationen zu beschaffen, zu analysieren, strukturiert aufzubereiten und richtig zu priorisieren. Du eigenst dir neue Fachkenntnisse an und holst dir Unterstützung und Feedback bei deinen Teamkollegen.

Wie würden wir die Firmenkultur umschreiben?

Bei RSM Ebner Stolz leben wir gemeinsame Ziele und Werte. Wir setzen auf hochqualifizierte Persönlichkeiten, die individuelle Stärken in die Mandantenbetreuung einbringen, anstatt auf standardisierte Berater zu setzen.

Wir pflegen eine partnerschaftliche Kultur, die gemeinsamen Zielen und Werten verpflichtet ist und dennoch von der Individualität und Initiative des Einzelnen lebt.

Mehr als 2.700 Mitarbeitende an 15 Standorten teilen eine gemeinsame Überzeugung: Leistungsorientierung und ein gemeinsamer Wertekanon, auf den wir stolz sind.

Bei RSM Ebner Stolz bringen unsere hochqualifizierten Mitarbeitenden täglich ihr Wissen und ihre Persönlichkeit in eine individuelle Mandantenbetreuung ein. Jeder Einzelne trägt sowohl zum Erfolg unseres Unternehmens als auch zum Erfolg unserer Mandanten bei, unabhängig von Alter, Hierarchie oder Lebenserfahrung, sondern vor allem durch seine Persönlichkeit.

Leidenschaft treibt unsere Mitarbeitenden an. Wissen, Verantwortungsbewusstsein, Vertrauenswürdigkeit, Freundlichkeit und Fairness sind zentrale Werte, die wir gemeinsam leben.

Durch unsere RSM Ebner Stolz Akademie bereiten wir unsere Mitarbeitenden systematisch auf den Berufsalltag vor und unterstützen sie kontinuierlich mit Fachveranstaltungen und Soft-Skill Trainings, um ihre Potenziale voll zu entfalten.

FALK GmbH & Co KG
Wirtschaftsprüfung Steuerberatung

Im Breitspiel 21, 69126 Heidelberg
Tel.: +49 6221 399-0, Fax: +49 6221 399-238
E-Mail: info@falk-co.de, Internet: www.falk-co.de

Standorte: Heidelberg, Mannheim, Frankfurt, Berlin, Osnabrück, Speyer, Karlsruhe, Tauberbischofsheim, Heppenheim, Shanghai

Anzahl der Mitarbeiter:innen: rund 400
davon Berufsträger:innen: rund 110

Kontaktperson für Bewerbung:
Teresa Herold, Tel.:+49 6221 399-0, Fax:+49 6221 399-238,
E-Mail: career@falk-co.de

Voraussichtlicher Personalbedarf 2026:
Prüfungs- bzw. Steuerassistenten (m/w/d), Praktikanten(m/w/d): ständiger Bedarf an qualifizierten Nachwuchskräften

Steuerberater/Wirtschaftsprüfer (m/w/d)

Auswahlverfahren für Assistenten:
- aussagekräftige Bewerbungsunterlagen
- Vorstellungsgespräch

Gewünschte fachliche Qualifikation:
- abgeschlossenes Studium der Wirtschaftswissenschaften an Universitäten, Hochschulen bzw. Dualen Hochschulen,
  evtl. auch abgeschlossenes Studium der Rechtswissenschaften, ggf. nach Ablegung des Staatsexamens
- Fremdsprachenkenntnisse (insbesondere Englisch) von Vorteil

Gewünschte persönliche Qualifikation:
- hohe Einsatzbereitschaft
- Flexibilität

- Teamfähigkeit
- überzeugendes Auftreten

Einstiegsgehalt/besondere soziale Leistungen:
branchentypisch

Zusätzliche Informationen über das Unternehmen:
☒ Internetseite (Adresse): www.falk-co.de
☐ Bewerberbroschüre
☒ Unternehmensbroschüre

Firmenporträt FALK GmbH & Co KG

Aus Zahlen Perspektiven entwickeln

FALK ist eine der führenden mittelständischen Wirtschaftsprüfungs- und Steuerberatungsgesellschaften in Deutschland. Seit über 80 Jahren prüfen und beraten wir mit hoher Qualität Mandanten aus Unternehmen verschiedener Größen und Branchen und gestalten umfassende Lösungen für individuelle Anforderungen.

Fest verwurzelt in der Metropolregion Rhein-Neckar, agieren wir dennoch global. Durch unsere Anbindung an die Praxity Allianz können wir internationale Mandate optimal betreuen und liefern auch auf grenzübergreifende Fragestellungen qualitativ hochwertige Lösungen.

Eine vertrauensvolle, partnerschaftliche Mandatsbeziehung ist das Ergebnis jahrelanger Zusammenarbeit. Die kontinuierliche Betreuung durch einen Mandatspartner und unser ganzheitlicher Beratungsansatz aus einer Hand haben sich bewährt. Wir denken und handeln nicht in Hierarchien, sondern auf Basis fachlicher und persönlicher Kompetenzen. Hierzu gehört auch die Förderung junger Talente und die Weiterbildung zu kompetenten Ansprechpartner:innen. Unsere Berater:innen verfügen über langjährige Berufserfahrung und sind auf dem Gebiet der Wirtschaftsprüfung (HGB, IFRS und US-GAAP) und Steuerberatung hoch qualifiziert. Dafür wurden wir bereits mehrfach ausgezeichnet, zum Beispiel von der WirtschaftsWoche zum „Besten Mittelstands-Dienstleister 2025“ in der Wirtschaftsprüfung und Steuerberatung.

Unser Erfolg begründet sich auf unseren ca. 400 Mitarbeiter:innen. Deswegen ist es uns ein großes Anliegen, unsere Mitarbeiter:innen auf ein Top Level zu bringen: Mit internen und externen Weiterbildungsangeboten, aber auch mit einer intensiven Einarbeitung in familiärer Atmosphäre. Unabhängig davon, ob Du eine spezialisierte Ausrichtung anstrebst oder Deine Karriereziele eher generalistischer Natur sind, garantieren wir Dir eine abwechslungsreiche Tätigkeit, mit Mandantenkontakt von Beginn an. Auch im Rahmen Deines Berufsexamens unterstützen wir Dich, indem wir Dir beispielsweise bezahlten Urlaub für Deine Prüfungsvorbereitung gewähren.

Unsere Benefits

Flexible Arbeitszeiten und Home Office

Wir sind Teil einer modernen Arbeitswelt und lassen Dich entscheiden, wie Du Deine Arbeitszeit aufteilst. Im Büro in Heidelberg, Mannheim, Frankfurt am Main, Berlin, Osnabrück, Speyer, Karlsruhe, Tauberbischofsheim, Heppenheim oder teilweise aus dem Home Office heraus. Das Leben ist nicht immer planbar, aber auch dafür haben wir einen Plan: Mit unseren verschiedenen Teilzeitmodellen passen wir uns Deiner individuellen Lebenssituation an.

Mobilität

Ob ÖPNV-Zuschuss, Jobrad-Leasing oder E-Smarts zur privaten wie beruflichen Nutzung, E-Tanksäulen auf dem Firmengelände oder kostenlose Mitarbeiterparkplätze an vielen Standorten – Deine Mobilität ist uns wichtig. Und da wir Nachhaltigkeit leben, statt nur darüber zu reden, setzen wir viel daran, dass unser Mobilitätsangebot zunehmend grüner wird.

Firmen- und Teamevents

Nach der Arbeit schalten wir gerne ab, und das durchaus gemeinsam mit unseren Kolleg:innen. Der wöchentliche Lauftreff findet ebenso Zustimmung wie unsere verschiedenen Firmen- und Teamevents, seien es Weihnachtsfeiern und Sommerfeste, Alpakawanderungen, Kanufahrten und viele andere mehr.

Familiäre Arbeitsatmosphäre

Wenn wir unsere Mitarbeiter:innen befragen, was sie an FALK besonders schätzen, wird ein Punkt überdurchschnittlich häufig genannt: der große Teamzusammenhalt und die damit einhergehende Unterstützung unter Kolleg:innen. Egal wie groß die Herausforderung ist, vor der Du stehst, bei FALK steht ein ganzes Team hinter Dir. Auf diese familiäre und unterstützende Arbeitsatmosphäre sind wir besonders stolz.

FIDES
Wirtschaftsprüfung, Steuerberatung, IT-Beratung, Unternehmensberatung

Birkenstraße 37, 28195 Bremen
Tel.: +49 421 3013-0, Fax: +49 421 3013-100
E-Mail: info@fides-online.de, Internet: www.fides-online.de

Standorte: Bremen (Hauptsitz), Hamburg, Hannover, Bremerhaven, Osnabrück, Berlin

Anzahl der Mitarbeiter: über 300 Partner und Mitarbeiter
davon Berufsträger: rd. 100

Kontaktpersonen für Bewerbung:
WP StB Carsten Wagener, E-Mail: bewerbung@fides-online.de, Tel.: +49 421 3013-0
StB Prof. Dr. Christoph Löffler, LL. M., E-Mail: bewerbung@fides-online.de, Tel.: +49 421 3013-0

Voraussichtlicher Personalbedarf 2026:
- Praktikanten / Werkstudenten (m/w/d)
- Prüfungs- und Steuerassistenten (m/w/d)
- Steuerfachangestellte (m/w/d)
- Wirtschaftsprüfer / Steuerberater (m/w/d)

Auswahlverfahren:
- aussagekräftige Bewerbungsunterlagen
- Vorstellungsgespräch

Gewünschte fachliche Qualifikation:
- wirtschaftswissenschaftliches oder juristisches Studium mit einschlägigen Schwerpunkten
- idealerweise erste Praxiserfahrungen, z. B. durch eine Berufsausbildung oder Praktika

- gute Englischkenntnisse

Gewünschte persönliche Qualifikation:
- hohe Motivation und Teamfähigkeit
- Eigeninitiative und ausgeprägte analytische Fähigkeiten

Einstiegsgehalt/besondere soziale Leistungen:
- berufsübliche Vergütung je nach Qualifikation und Berufserfahrung
- Firmenfitness und betriebliches Gesundheitsmanagement
- finanzielle und zeitliche Unterstützung bei der Vorbereitung auf die Berufsexamina
- umfangreiches Aus- und Fortbildungsangebot
- persönlicher Mentor
- Mobiles Arbeiten (Home-Office)
- Jobrad
- Mitarbeiterevents
- Mitarbeiterrabattportal (Corporate Benefits)
- monatliche Gutscheine

Zusätzliche Informationen über das Unternehmen:
☒ Internetseite: www.fides-online.de
☒ Bewerberbroschüre
☒ Unternehmensbroschüre

Firmenporträt FIDES Treuhand GmbH & Co. KG

Wir sind seit 1919 an Ihrer Seite und sind, bezogen auf die Mitarbeiteranzahl, die führende Prüfungs- und Beratungsgesellschaft in Nordwestdeutschland.

Als starker Partner des Mittelstands haben wir das Angebot unserer Beratungsleistungen konsequent ausgebaut. Neben unserem Hauptsitz in Bremen haben wir Standorte in Bremen (Hauptniederlassung), Bremerhaven, Osnabrück, Hannover, Hamburg und Berlin.

Unsere Mandanten kommen vorrangig aus dem Mittelstand. Zudem beraten wir Unternehmensgruppen, börsennotierte Aktiengesellschaften, öffentliche und gemeinnützige Organisationen und Einrichtungen sowie Privatpersonen. Wir sind Wirtschaftsprüfer, Steuerberater, IT-Berater und Unternehmensberater. Unsere Mandanten profitieren von unserer gesamten Fachexpertise und können sicher sein, bei branchen- wie bereichsübergreifenden Fragen die richtigen Antworten zu bekommen. Unser interdisziplinärer Ansatz hilft, auch komplexe Anliegen ganzheitlich zu betrachten. Derzeit sind mehr als 300 Partner und Mitarbeiter, darunter 100 Wirtschaftsprüfer, Steuerberater und Rechtsanwälte, für FIDES tätig.

Wirtschaftsprüfer

Unsere Prüfer nehmen jeweils die spezifische Unternehmenssituation präzise in den Blick und erfassen schnell die hier liegenden Stärken und Schwächen, Chancen und Risiken. Aus diesen Teilansichten werden ein Gesamtbild der Geschäftstätigkeit zusammengestellt und Prüfungshandlungen zielgerichtet festgelegt. Das Resultat bietet mehr als Prüfungsbericht und Siegel. Wir liefern zuverlässige und verwendbare Ergebnisse, vor deren Hintergrund sich Verbesserungsansätze und realistische Handlungsoptionen gestalten und umsetzen lassen.

Neben unserer Haupttätigkeit, der Prüfung von Jahresabschlüssen nach HGB- oder IFRS-Vorschriften, sind wir auch in den Bereichen der IT-Prüfung, der Prüfung von Schlussrechnungen von Insolvenzverwaltern, Prüfungen im

Rahmen der Verpackungsverordnung und – als bisher einzige mittelständische Gesellschaft – der Prüfung von CO_2-Bilanzen und Nachhaltigkeitsberichten tätig. Zu unseren Aufgabenfeldern in der Wirtschaftsprüfung gehören auch Unternehmensbewertungen und interne Revision.

International ist FIDES Mitglied in Praxity, AISBL, der weltweit größten Allianz selbstständiger und unabhängiger Wirtschaftsprüfungs- und Beratungsgesellschaften. FIDES ist bei dem Public Company Accounting Oversight Board (PCAOB) in den USA registriert und ist damit berechtigt, der amerikanischen Abschlussprüferaufsicht unterliegende Prüfungen durchzuführen.

Steuerberater

Wir beraten unsere Mandanten nicht nur in sämtlichen Fragen der laufenden Steuerangelegenheiten und in der Steuergestaltung, sondern auch in speziellen Entscheidungssituationen wie z. B. Unternehmenstransaktionen und -umstrukturierungen oder Nachfolgeplanungen.

Häufig sind hier neben den steuerlichen und rechtlichen auch betriebswirtschaftliche Aspekte zu berücksichtigen. Dieser Herausforderung werden wir durch kollegiales Zusammenwirken unserer Steuerberater, Rechtsanwälte und Wirtschaftsprüfer gerecht.

Wir nehmen bei der grenzüberschreitenden Geschäftstätigkeit unserer Mandanten in Steuerangelegenheiten die Mitglieder der weltweiten Allianz Praxity in Anspruch.

Sonstige Geschäftsfelder

FIDES ist mit über 20 Mitarbeitern als IT-Berater sowie als Unternehmensberater aktiv. Die Anwälte der Rechtsanwaltsgesellschaft Nölle & Stoevesandt haben sich seit Jahren auf das Private und Öffentliche Wirtschaftsrecht spezialisiert. Sie ergänzen unsere Arbeit mit ihrem Fach-Know-how und ihrem juristischen Feingespür. Mit diesen Geschäftsfeldern stützen wir unseren interdisziplinären Beratungsansatz und können unseren Mandaten bereichs- und branchenübergreifende Lösungen aus einer Hand anbieten.

Organisation

Die Ausrichtung an den Bedürfnissen unserer zumeist mittelständischen Mandanten erfordert eine enge Zusammenarbeit zwischen den einzelnen Beratern und allen Mitarbeitern. Aus diesem Grund haben wir bei FIDES flache Hierarchien. Berufseinsteiger bekommen so leichten Zugang zu allen Informationen und nehmen Teil an der umfassenden Beratung des Mandanten. Das ist für den weiteren Werdegang und die Vorbereitung auf die Berufsexamina förderlich.

Von unseren Mitarbeitern erwarten wir neben fachlicher Expertise auch analytische Fähigkeiten sowie Teamfähigkeit. Für einen erfolgreichen Einstieg bei FIDES und die Berufsexamina sind eine hohe Bereitschaft zur Fortbildung und Flexibilität, Belastbarkeit sowie Zielstrebigkeit erwünscht.

Karriere und Einsatzbereiche

Sie beginnen Ihre Karriere bei uns als Steuerberatungsassistent oder Prüfungsassistent. Während Ihrer Tätigkeit arbeiten Sie in kleinen und wechselnden Teams. Sie nehmen an diversen internen und externen Fortbildungsmaßnahmen teil, die Sie für Ihre individuelle Einsatztätigkeit qualifizieren. Als Steuerberatungsassistent streben Sie darüber hinaus das Steuerberaterexamen an. Im Anschluss besteht die Möglichkeit, die steuerberatende oder die wirtschaftsprüfende Tätigkeit zu vertiefen. Aber auch ein Einstieg bei den IT-Beratern oder den Unternehmensberatern ist aufgrund der generalistischen Ausbildung bei uns möglich. Wenn Sie sich für eine Laufbahn als Wirtschaftsprüfer entscheiden, unterstützen wir Sie nach ausreichender Prüfungserfahrung bei der Vorbereitung auf das Wirtschaftsprüferexamen. Sie werden jederzeit von erfahrenen Steuerberatern und Wirtschaftsprüfern in Ihrer Entwicklung unterstützt.

Grant Thornton AG
Wirtschaftsprüfungsgesellschaft

Johannstraße 39, 40476 Düsseldorf
Tel.: +49 211 9524-0 Internet: grantthornton.de

Standorte: Berlin, Düsseldorf, Frankfurt, Hamburg, Köln, Leipzig, München, Stuttgart, Viersen/Niederrhein, Wiesbaden

Anzahl der Mitarbeitenden: rund 2.000 Mitarbeitende deutschlandweit
davon Berufsträger: 432 (Wirtschaftsprüfer, Steuerberater, Rechtsanwälte)

rund 76.000 Mitarbeitende im Internationalen Grant Thornton Netzwerk

Kontakt für Bewerbungen:
Marion Banken
Personalmarketing & Recruiting
Tel.: +49 211 9524 8396
grantthornton.de/karriere

Voraussichtlicher Bedarf 2025/2026:
Wir suchen Studierende (für den Einstieg als Werkstudierende, Praktikantinnen und Praktikanten, oder auch im Rahmen Dualer Studiengänge) ebenso wie Mitarbeiterinnen und Mitarbeiter für den Berufseinstieg oder mit qualifizierter Berufserfahrung in den Bereichen Audit & Assurance, Tax, Advisory und Legal und weiteren Beratungsfeldern.

Auswahlverfahren:
Nach der Prüfung Deiner eingereichten Unterlagen erfolgen (optional) ein Telefoninterview und ein bis zwei persönliche/virtuelle Gespräche. Im Anschluss erhältst Du von uns eine finale Rückmeldung.

Was Du mitbringen solltest:
- ein wirtschaftswissenschaftliches, rechtswissenschaftliches, informationstechnisches oder vergleichbares Studium, das zu uns passt,

- vorzugsweise Kenntnisse in den Bereichen Rechnungslegung, internationale Rechnungslegung, Prüfungswesen, Steuern, Steuerrecht, Finanzen, Controlling oder Consulting,
- Teamspirit, ein offenes Mindset und Lust, eigenverantwortlich zu arbeiten
- idealerweise Praxiserfahrung,
- sehr gutes Deutsch und gutes Englisch.

Gewünschte persönliche Qualifikation:
- Du bist ein Teamplayer (m/w/d) und zeichnest Dich besonders durch Deine hohe Motivation, Flexibilität und Verantwortungsbereitschaft aus.
- Du besitzt eine hohe Dienstleistungs- und Mandantenorientierung.
- Aufgrund Deiner guten Auffassungsgabe und analytischen Denkweise fällt es Dir leicht Zusammenhänge zu erfassen und zu bearbeiten.

Einstiegsgehalt/besondere soziale Leistungen:
- Wir vergüten Praktika und Werkstudierendentätigkeiten mindestens nach gesetzlichen Standards. Darüber hinaus vergüten wir marktgerecht, je nach Qualifikation.
- Berufliche Weiterbildung ist für uns elementar. Wir unterstützen relevante Examina und Abschlüsse mit großzügigen Förderregelungen.
- Unser Trainingsportfolio umfasst passgenaue Angebote und hilft in jeder Phase Deiner Karriere, Dein Wissen und Deine Fähigkeiten auszubauen. Wir unterstützen Dich auch beim Ausbau von Soft Skills und Fremdsprachen.

Zusätzliche Informationen über das Unternehmen:
Flexible Office, steile Lernkurven, Förderung von Berufsexamen, internationale Teams, Diversität, globales Netzwerk, Nachhaltigkeit, Karriere mit Kind, digitales Mindset, Teamspirit: Unsere Kolleginnen und Kollegen Alina, Anna, Anne, Dijana, Dirk, Katharina, Marc, Sophie, Tammo und Uliana sagen Dir, warum sie sich für Grant Thornton entschieden haben – und was ihr Impact ist. Wie wir im Team jenseits von Schema F arbeiten und welche Bewerbungstipps sie Dir geben können? Erfährst Du auch. Willkommen in unserer Welt. Und Deiner Zukunft. Wo? Erfährst Du hier: Arbeiten bei Grant Thornton
https://www.grantthornton.de/karriere/arbeiten_bei_grant_thornton/

Internetseite (Adresse): www.grantthornton.de

Firmenporträt Grant Thornton AG

Auf den Punkt statt Pi mal Daumen

Unsere Teams arbeiten nicht nach Schema F, sondern bringen Fachwissen, aktuelle Erkenntnisse und professionelle Leidenschaft so zusammen, dass neues Denken und exzellente Lösungen für unsere Mandate entstehen. Deshalb schätzen wir unterschiedliche Perspektiven und fördern die Verschiedenheit unserer rund 2000 Mitarbeiterinnen und Mitarbeiter. Sie machen Grant Thornton zu einer der Top 10 Wirtschaftsprüfungsgesellschaften an 10 Standorten in Deutschland. Wir sind eine der erfolgreichsten Anlaufstellen für den Mittelstand, Start-ups und den DAX.

So ziehen wir Mandate und Mitarbeitende an, die einfach mehr Expertise und Persönlichkeit erwarten. Weil unsere Teams vielfältige Fähigkeiten bündeln, sind wir immer einen Schritt voraus, bleiben wach und agieren nachhaltig. Wir begleiten Wachstum regional, national und international und behalten dabei Wirtschaft, Umwelt und Gesellschaft im Blick. Schwerpunkte unserer Arbeit sind Audit & Assurance, Tax, Advisory und Legal.

Als Teil des Netzwerks Grant Thornton International beraten wir Unternehmen weltweit mit rund 76.000 Mitarbeiterinnen und Mitarbeitern in 156 Ländern. Durch unsere einheitlichen hochwertigen Standards können wir Mandanten auch bei grenzüberschreitenden Projekten optimal betreuen und finden für nahezu jede Fragestellung den richtigen Experten und die richtige Expertin vor Ort.

Wir sind ein dynamisches und zukunftsorientiertes Unternehmen, das Dir sehr gute Karrierechancen in einem spannenden, internationalen Umfeld bietet.

National wie international konzentrieren wir uns auf unsere Stärken: persönliche Betreuung, beste Beratung und hohe Professionalität. Unsere langjährigen Verbindungen zu unseren Mandanten sind geprägt von gegenseitigem Vertrauen und Verständnis. Wir kennen die Bedürfnisse unserer Mandanten, stehen mit ihnen im ständigen Dialog und wirken für sie gestaltend. Durch unsere starke Marktexpertise und unsere Erfahrungen können wir auch kurzfristig und projektbezogen für unsere Mandanten tätig werden.

Was Grant Thornton auszeichnet, ist die Kombination aus fachlicher Expertise, profundem Branchen Know-how und einem Gespür für Wachstumspotenziale. Wir kennen die Trends von morgen und zeigen Wege zu nachhaltigem Wachstum auf. Das macht uns zum idealen Lotsen durch alle Phasen unternehmerischer Aktivitäten.

Berufliche Weiterbildung ist für uns elementar. Ein umfassendes Trainingsprogramm informiert unsere Mitarbeiterinnen und Mitarbeiter stets über aktuelle Entwicklungen und hält sie auf dem Stand höchster professioneller Expertise. So können wir nicht nur auf die Wünsche und Anfragen unserer Mandanten reagieren, sondern diese auch aktiv auf interessante Veränderungen hinweisen.

Wir sind in allen wesentlichen Branchen, Industrie- und Wachstumsmärkten aktiv und bieten unseren Mandanten interdisziplinäre Lösungen. Gerade der dynamische Mittelstand weitet seine internationalen Aktivitäten im Rahmen der Globalisierung mehr und mehr aus. Auch Digitalisierung ist einer unserer Schwerpunkte. Wer auf diesem Weg einen Partner zur Seite hat, der jederzeit und in nahezu jedem Markt der Welt auf kompetente Teamkolleginnen und -kollegen vor Ort zurückgreifen kann, hat seinen Wettbewerbern gegenüber einen entscheidenden Vorsprung.

Durch unsere Größe, Internationalität und unser interdisziplinäres Arbeiten werden spannende und anspruchsvolle Mandate an uns herangetragen. Wir freuen uns, wenn auch Du dazu beiträgst, unsere Beratung stetig weiterzuentwickeln und zu stärken.

Was wir tun: unsere Geschäftsbereiche und Services

Audit & Assurance

Durch unsere unabhängigen und fachkundigen Prüfungen steigern wir die Verlässlichkeit von Unternehmensinformationen für alle Entscheidungsträger und Abschlussadressaten – und schaffen damit ein hohes Maß an Glaubwürdigkeit und Vertrauen. Dies gilt für die gesetzlich vorgeschriebenen Jahres- und Konzernabschlussprüfungen genauso wie für spezielle Prüfungsleistungen und -bescheinigungen. Unser Spektrum umfasst Jahres- und Konzernabschlussprüfungen, rechnungslegungsbezogene Beratung (HGB und IFRS) sowie andere Prüfungs- und Beratungsservices.

Tax

Bei jeder unternehmerischen Entscheidung spielen steuerliche Fragen eine wichtige Rolle. Komplizierte gesetzliche Vorschriften, Steuerabkommen, Gerichtsentscheidungen und Verwaltungsanweisungen machen jedes unternehmerische Engagement zu einer echten Herausforderung. Mit 14 Service Lines im Bereich Tax sind wir breit aufgestellt, um Unternehmen und vermögenden Privatpersonen eine ausgezeichnete und an ihren Bedürfnissen ausgerichtete Beratung bieten zu können. Egal, ob es um die richtige Gestaltungsempfehlung, steuerliche Compliance, oder die Durchsetzung ihrer Interessen und Positionen in der Betriebsprüfung und in finanzgerichtlichen Auseinandersetzungen geht.

Auch die internationalen Aktivitäten unserer Mandanten begleiten wir mit einem umfangreichen steuerlichen Leistungsspektrum und internationaler Kompetenz im weltweiten Netzwerk Grant Thornton. Ob Standortwahl, Konzernstrukturierung, Unternehmensfinanzierung oder Verrechnungspreisgestaltung – wir finden für jede Fragestellung eine optimale und individuelle Lösung.

Zudem bündeln wir Leistungen wie Finanzbuchhaltung, das interne und externe Berichtswesen oder die Erstellung von Steuerdeklarationen. Wir übernehmen diese Aufgaben für unsere Mandanten, um deren betriebliche Abläufe effizient und schlank zu halten. Auch unterstützen wir mit unseren Dienstleistungen bei Wachstum oder notwendigen Veräußerungen, beraten Investoren bei Outsourcing-Aktivitäten, helfen beim Herauslösen von Gesellschaften aus Konzernstrukturen und strukturieren Prozesse im Rechnungswesen neu. Dabei übernehmen wir die Abwicklung der Finanzbuchhaltung inklusive Kostenrechnung, Lohn- und Gehaltsabrechnung.

Unseren vermögenden Privatkunden und Family Offices bieten wir interdisziplinäre, bankenunabhängige Beratungs- und Dienstleistungen an. Zentrale Bestandteile sind die steuerliche Beratung, das Vermögenscontrolling sowie die fachkundige Beratung hinsichtlich der optimalen Vermögensstrategie.

Advisory

Märkte und Wettbewerbsbedingungen verändern sich rasant. Alte Geschäftsmodelle werden in Frage gestellt, neue Geschäftschancen eröffnen sich. Unternehmen beginnen neue Aktivitäten und trennen sich von alten, kooperieren oder fusionieren. Manche Unternehmen müssen unter Druck umstrukturieren und sanieren. Dynamische Unternehmen verändern sich zunehmend über Grenzen hinweg und benötigen eine zuverlässige Begleitung internationaler Projekte. Ob M&A, Bewertung, Finanzierung oder Restrukturierung: Wir begleiten Unternehmen als Berater, Gutachter oder Prüfer in diesen anspruchsvollen Phasen.

Legal

Jede unternehmerische Entscheidung wirft eine Fülle von juristischen Fragestellungen auf. Die Grant Thornton Rechtsanwaltsgesellschaft bietet als Full Service Dienstleister umfassende Beratung und persönliche Betreuung in allen Bereichen des Wirtschaftsrechts. Wir erbringen vielfältige Beratungsleistungen, u. a. auf den Gebieten Erbrecht und Unternehmensnachfolge, Gesellschaftsrecht, Wirtschafts-, Zivil- und Vertragsrecht, M&A Transaktionsberatung, Immobilienwirtschaftsrecht, Arbeits- und IT-Recht.

Wir suchen die fachliche Herausforderung und gehen dabei auch ungewöhnliche Wege. Unsere Teams zeichnen sich durch kurze Reaktionszeiten und eine hohe Präsenz von Entscheidern aus. Dadurch können wir innovative und besonders hochwertige Lösungen entwickeln.

Weitere Beratungsleistungen

Die Herausforderungen der Digitalisierung sind vielfältig. Unser Ansatz unterscheidet sich grundlegend von der klassischen IT-Beratung. Wir betrachten Informationstechnologie nicht nur als Standardlösung, sondern als strategischen Wettbewerbsvorteil. Durch die nahtlose Integration von IT-Kompetenz mit tiefgreifendem Business- und Branchenwissen schaffen wir nachhaltigen Mehrwert für unsere Kunden.

Unser Portfolio im Bereich Technology Consulting Services beinhaltet die Themen: CIO Advisory, Enterprise IT Transformation, M&A IT Advisory,

Cyber Security, Data Governance & Privacy, SAP-Beratung & Projektmanagement. Auch im Bereich Digitalisierung, Prozesse, Projekte & IT Beratung für die öffentliche Hand fungieren wir als Spezialisten.

Im Beratungsfeld Deal Advisory bündeln wir langjährige Erfahrung in der Unternehmensberatung sowie der operativen Begleitung von Unternehmenstransaktionen. Hierbei setzen wir auf die Kombination von profunden Branchenkenntnissen mit langjähriger Erfahrung aus zahlreichen Sektoren und Projekten, etwa in den Bereichen Performance Management, Working Capital, Operational/Commercial Due Diligence oder operativer Beratung.

Die EU-Richtlinie zur Nachhaltigkeitsberichterstattung, die Corporate Sustainability Reporting Directive (CSRD), verpflichtet Mittelstandsunternehmen zur Nachhaltigkeitsberichterstattung und -prüfung. Damit kommen auf den Mittelstand große Herausforderungen zu. Nachhaltigkeit ist Managementaufgabe! Wir bieten ESG-Beratung und helfen mit Sustainability-Consulting bei der Bewältigung der regulatorischen Aufgaben.

Als Wirtschaftsprüfungsgesellschaft liegt es in unserer DNA auch Prüfungsleistungen anzubieten. Das gilt auch für den Bereich ESG.

Warum Grant Thornton?
Deine Stärken. Unsere gemeinsame Wirkung

Wir nennen unsere Arbeit: Wirkung zeigen.

Für Dich bedeutet das ein Umfeld, in dem Du Deine Neugierde, Dein Fachwissen, neue Erkenntnisse und professionelle Leidenschaft für wirtschaftliche Zusammenhänge mit anderen teilen kannst. Mit uns begleitest und formst Du die Entwicklung unserer Mandate regional, national und international. Dabei schärfst Du Deinen Blick für Wirtschaft, Umwelt und Gesellschaft. Dieser ganzheitliche Ansatz macht uns zu einer der erfolgreichsten Anlaufstellen für den Mittelstand, für Start-ups und den Dax. Und sichert uns konstant einen Platz in der Top 10 der Wirtschaftsprüfungsgesellschaften Deutschlands.

Genau dort, wo Du gerade beruflich stehst, kannst Du mit uns Deine Karriere weiterwachsen lassen. Du möchtest Deine Karriere starten, suchst Veränderung im Job oder willst Dein nächstes Karriereziel erreichen? Wir helfen Dir dabei. Du übernimmst früh Verantwortung, leitest Teams und wirkst aktiv an unserer Entwicklung mit. Dabei profitierst Du von einem Netzwerk, das Dich wertschätzt, von Freiheiten bei der Gestaltung Deines Arbeitsmodells und individuellen Karrieremöglichkeiten.

Nächster Schritt? Karriere!

Bei uns gibt es vielfältige Möglichkeiten, sich zu spezialisieren, aber gleichzeitig auch einen breiten Überblick zu bekommen. Du kannst am Vorhandenen partizipieren, aber auch selbst gestalten und für Dich ausloten, wohin Deine weitere Reise gehen soll. Wir bieten interdisziplinäre und internationale Aufgaben sowie echtes Teamwork mit Kolleginnen und Kollegen aus verschiedensten Geschäftsbereichen, Standorten und Ländern. Wer die Abwechslung mag, wird Grant Thornton lieben! Wir vereinen die persönliche Nähe, Offenheit und Eigenverantwortung einer mittelständischen Gesellschaft mit dem breiten fachlichen Spektrum und der spannenden internationalen Perspektive einer global agierenden Organisation.

Team-Geist ist Teil unserer Unternehmensphilosophie, genauso wie Qualität, Genauigkeit und Integrität. Insbesondere die intensive Zusammenarbeit erleichtert den Einstieg vor allem für Studierende und Absolventinnen und Absolventen. Als Beraterin oder Berater mit Berufserfahrung erwartet Dich ein hoher Leistungsanspruch und die eigenständige Betreuung komplexer nationaler und internationaler Mandate. Dabei stehen Dir jederzeit erfahrene Kolleginnen und Kollegen, Partnerinnen und Partner zur Seite.

Passen wir zu Dir? #TesteUns

Neun Fragen und fünf Minuten später siehst Du klarer: Der GTest bietet Dir Möglichkeiten zu priorisieren, was Dir im Job wichtig ist.

Danach weißt Du

- wie Du bei uns beruflich und persönlich Wirkung zeigen kannst,
- ob wir Dir ein Umfeld bieten, indem Du erfolgreich wachsen wirst,
- was uns von anderen in unserer Branche unterscheidet.

Hier geht's zum GTest: Arbeiten bei Grant Thornton
https://www.grantthornton.de/karriere/arbeiten_bei_grant_thornton/

Karriere & Entwicklung bei Grant Thornton

Berufseinstieg – Wissen, das wächst

Talenten wie Dir bieten wir lebendige Wachstumschancen, intensive Begleitung on und off the job durch erfahrene Kolleginnen und Kollegen und individuelle Förderung von Examina und Zertifizierungen. In einem starken Teamzusammenhalt baust Du als Berufseinsteigerin und Berufseinsteiger Beziehungen auf Augenhöhe auf.

Immer an Deiner Seite

Unsere erfahrenen Kolleginnen und Kollegen unterstützen Dich als Buddys, Patinnen und Paten. So wirst Du in den ersten zwei Berufsjahren und darüber hinaus individuell gefördert, bekommst Antworten auf Deine Fragen und kannst Dich optimal vernetzen.

Lernen statt Stillstand

Training und Weiterentwicklung im Beruf sind Dir wichtig? Du willst ein Berufsexamen als Wirtschaftsprüferin/Wirtschaftsprüfer oder Steuerberaterin/Steuerberater absolvieren? Du strebst einen Abschluss wie CPA, CFA, CISA, CIA oder CFP oder eine externe Promotion an? Für was auch immer Du Dich entscheidest: Wir halten Dir den Rücken frei für Deine weitere berufliche Qualifizierung.

Horizont erweitern

Du willst im Ausland Berufserfahrung sammeln und in eine fremde Kultur eintauchen? Bei uns kannst Du für eine begrenzte Zeit in einer unserer weltweiten Partnerfirmen arbeiten, Dich persönlich weiterentwickeln und Deine Fremdsprachenkenntnisse ausbauen.

Kultur mit Werten

Wir leben Diversität und vereinen Menschen mit unterschiedlichen Persönlichkeiten, Hintergründen und Stärken. Was alle verbindet, ist die gemeinsame Kultur und Haltung. Dazu gehören offenes Feedback, flache Hierarchien und ein familiäres, respektvolles und wertschätzendes Miteinander.

Work-Life-Balance

Für viele nur ein Buzzword – für uns ein Muss! Starkes Engagement im Job und eine gute Work-Life-Balance kannst Du bei uns sehr gut kombinieren.

Wir wissen: Deine persönliche Zufriedenheit ist Grundvoraussetzung für Motivation. Am Ende profitieren davon alle: Du, unsere Teams, das Unternehmen und vor allem unsere Mandantschaft.

Unser Work-Life-Balance-Programm bietet hochflexible Möglichkeiten zum mobilen Arbeiten – von Zuhause, von unterwegs oder sogar als Workation, ein Arbeitszeitpaket mit Arbeitszeitsouveränität, Gleitzeit oder Vertrauensarbeitszeit, eine großzügige, einheitliche Urlaubsregelung. Individuell zugeschnittene Teilzeitmodelle und Sabbaticals sind natürlich auch möglich. Auch da sind wir sehr flexibel. Und wir bezuschussen Deine betriebliche Altersvorsorge sowie Dein Jobticket.

Familie und Beruf

Job und Familie vereinbaren? Auf uns kannst Du zählen!

Die Vereinbarkeit von Beruf und Familie braucht ein hohes Maß an Organisationstalent und Unterstützung im privaten und familiären Umfeld. Wenn solche Herausforderungen anstehen, helfen wir Dir.

Du kannst gern bei der Betreuung von Kindern oder pflegebedürftigen Angehörigen unsere Family@GrantThornton-Angebote nutzen. Wir unterstützen Dich mit einem umfassenden Informations-, Beratungs- und Vermittlungsangebot. Zudem zahlen wir Zulagen zu Kinderbetreuungskosten für Deinen beruflichen Wiedereinstieg. Außerdem bieten wir das, was vielleicht das Wichtigste von allem ist: Zeit und Gestaltungsraum. Denn unsere Mitarbeiterinnen und Mitarbeiter können auf unterschiedliche Optionen zum flexiblen Arbeiten zurückgreifen, um ihre ganz individuelle Job-Familie-Konstellation zu gestalten.

Publikationen und Lehraufträge

Expertinnen und Experten von Grant Thornton nehmen im Rahmen wissenschaftlicher Publikationen in der Fachpresse und -literatur immer wieder Stellung zu Themen von hoher Aktualität und sind aktiv im Rahmen von Lehraufträgen an vielen führenden Hochschulen präsent.

Studierende – Von Anfang an

Wenn Du noch studierst, willst Du Theorie und Praxis so kombinieren, dass beide Bereiche Dein Wissen wachsen lassen. Dafür brauchst Du ein Umfeld, das Dich fördert und fordert – und die Herausforderungen Deines Lebensabschnitts versteht. Genau das bieten wir Dir. Ob im Praktikum oder als Werkstudentin oder Werkstudent. Wir begleiten Dich persönlich und haben ein offenes Ohr für Deine Ideen und Fragen.

Ein guter Start – Dein Praktikum bei uns

Unsere Praktika sind Deine Chance, Wirkung zu zeigen – für Dich und Deine Zukunft. Du vertiefst Deine theoretischen Kenntnisse und baust Dir früh ein professionelles Netzwerk auf. Dabei wirst Du von erfahrenen Kolleginnen und Kollegen gefordert und gefördert – ab Tag eins.

Deine Perspektive während des Studiums – Dein Job als Werkstudentin oder Werkstudent

Studieren und Arbeiten? Bei uns geht beides Hand in Hand.

Lerne on the job, bring Deine Gedanken proaktiv ins Team ein und begleite langfristige Projekte. Wir bieten Dir Chancen zum Mitgestalten, damit Du Dich bestmöglich auf Deine weitere Karriere vorbereiten kannst.

Berufserfahrene – Kompetenz, die es braucht

Unternehmerische Freiheit – und eine Karriere in Deinem Tempo.

Deine Erfahrung und Dein Können sind groß – aber neue Ziele interessieren Dich mehr als Dein Status quo. Vielleicht willst Du unternehmerisch freier handeln und so Wirkung zeigen. Deine Karriere in einem Tempo entwickeln, das zu Deinem aktuellen Leben passt. Neues lernen, Dich herausfordern. Oder in einem Umfeld arbeiten, das Dich nicht in ein Schema presst, sondern als ganzen Menschen sieht. Willkommen bei Grant Thornton.

HWS
Wirtschaftsprüfungsgesellschaft
Steuerberatungsgesellschaft

Kupferstraße 5, 70565 Stuttgart
Tel.: +49 711 78892-0, Fax: +49 711 78892-159
E-Mail: karriere@hws.de, Internet: www.hws.de

Standorte: Bad Bergzabern, Bietigheim-Bissingen, Deggingen, Heilbronn, Illertissen, Karlsruhe, Korb, Landau, Neulingen, Pforzheim, Remshalden, Reutlingen, Sindelfingen, Speyer, Stuttgart, Tübingen, Ulm

Anzahl der Mitarbeitenden: über 750 Kolleg:innen
davon Berufsträger:innen: über 130

Kontaktperson für Bewerbungen:
Frau Beatrix Dreher, Leitung Personal und Marketing
E-Mail: karriere@hws.de

Voraussichtlicher Bedarf 2026:
- Wirtschaftsprüfer (m/w/d)
- Steuerberater (m/w/d)
- Steuer- und Prüfungsassistenzen (m/w/d)
- Steuerfachangestellte/Steuerfachwirte (m/w/d)
- Für 2026: Auszubildende und DHBW-Studenten (m/w/d)

Auswahlverfahren:
Analyse der Bewerbungsunterlagen, persönliche Vorstellungsgespräche

Bevorzugte fachliche Qualifikation:
- Akademische Grade, insbesondere in den Fachrichtungen BWL, VWL etc. (sowohl universitär als auch Absolvent:innen von Fachhochschulen und der Dualen Hochschule Baden-Württemberg (DHBW))
- Abgeschlossene Ausbildung, optional mit Weiterbildung

- Erste, wünschenswert mehrjährige Berufserfahrung in einer Steuerberatungskanzlei oder im Bereich Steuern und Finanzen
- Sicherer Umgang mit DATEV und gängigen Buchhaltungsprogrammen, sowie MS Office

Gewünschte persönliche Qualifikation:
- Analytische Fähigkeiten und strukturierte Arbeitsweise
- Hohe Dienstleistungs- und Mandantenorientierung
- Eigenständigkeit und Zuverlässigkeit
- Kommunikations- und Teamfähigkeit, insbesondere im Umgang mit Mandanten und Behörden
- Interesse an ständiger fachlicher Weiterentwicklung und Bereitschaft zur Weiterbildung
- Diskretion im Umgang mit sensiblen Informationen
- Gute Fremdsprachenkenntnisse (insbesondere Englisch)

Einstiegsgehalt/besondere soziale Leistungen:
- Einstiegsgehalt je nach Qualifikation und Berufserfahrung
- Umfangreiche Fort- und Weiterbildungsmöglichkeiten
- Leistungsgerechte Vergütung
- Überdurchschnittliche Sozialleistungen (z. T. Essenszuschüsse, freie Getränke, BusinessBike, betriebliches Gesundheitsmanagement wie zum Beispiel Teilnahme an diversen Laufevents, z. T. Yoga und Massagen …)
- Fachliche und persönliche Unterstützung bei der Berufsexamensvorbereitung sowie Möglichkeit einer überdurchschnittlichen Freistellung in der letzten Phase der Examensvorbereitung

Zusätzliche Informationen über das Unternehmen:
☒ Internetseite (Adresse): www.hws.de
☒ Unternehmensbroschüre

Firmenporträt HWS

„Die Menschen vor den Zahlen"

Woran wir den Erfolg unserer Arbeit messen? Am guten Gefühl der Menschen mit denen wir arbeiten. Aus diesem Grund lautet unser Unternehmensmotto: „Die Menschen vor den Zahlen". Aber eine Vision, die nur auf dem Papier besteht ist keine Vision, sondern ein Trugbild. Deswegen ist es uns bei HWS nicht nur wichtig, eine eigene Haltung zu haben, sondern sie auch zu zeigen und täglich zu leben. Mit unserem HWS-Prinzip **verstehen · kümmern · begeistern** erkennen wir Bedürfnisse, finden persönlich Lösungen, nehmen Sorgen ab, bieten Sicherheit und überraschen mit zusätzlichen Chancen und Perspektiven. Das macht uns als Gruppe mit über 40 Partnern und etwa 750 Mitarbeitenden zum Top-Ansprechpartner des Mittelstands für Steuern, Prüfung, Recht und ganzheitliche Beratung – und zum attraktiven Arbeitgeber.

Bereits seit über einem Jahrhundert stehen wir unseren Mandanten mit einem Höchstmaß an Qualität und Dienstleistung partnerschaftlich zur Seite – 1923 gegründet, ist HWS heute eine der erfolgreichsten unabhängigen Wirtschaftsprüfungs- und Steuerberatungsgesellschaften im Südwesten Deutschlands. Dabei verstehen wir den direkten Kontakt zu unseren Mandanten sowie unsere persönliche Betreuung als Kernkompetenz, was sich nicht zuletzt in unseren umfangreichen Detailkenntnissen – die wir als persönlicher Ansprechpartner für unsere Mandanten stets gewährleisten – widerspiegelt.

Mit unseren Standorten konzentrieren wir uns auf den südwestdeutschen Raum, betreuen aber ebenso Mandanten im gesamten Bundesgebiet mit demselben Qualitätsverständnis und auf der Basis unserer Grundsätze. Wir agieren grenzüberschreitend. Ob unsere Mandanten sich auf den nationalen Markt konzentrieren oder international operieren – als Spezialisten für Startups, den Mittelstand und für Familienunternehmen begleiten wir diese weltweit. Rund um den Globus unterstützen wir unsere Mandanten durch unsere Mitgliedschaft bei „Praxity" – einer weltweiten Vereinigung unabhängiger, selbstständiger Prüfungs- und Beratungsunternehmen.

Der Einstieg bei HWS

Wo liegen Ihre Interessen? Diese Frage in Vorstellungsgesprächen stellt viele Berufsanfänger:innen aufgrund ihrer häufig geringen praktischen Erfahrung vor gewisse Erklärungsnotstände. HWS bietet Ihnen hier sowohl Orientierung als auch unterschiedlichste Wege für Ihre Entwicklung. Unsere Spezialisierung auf Beratungsfelder wie

- Wirtschaftsprüfung national und international
- Steuerberatung national und international
- Unternehmensberatung national und international
- Rechtsberatung
- Lohn- und Finanzbuchhaltung
- Rechnungs- und Personalwesen
- IT-Revision und -Beratung

hilft Ihnen, Ihren Weg zu finden sowie Ihre Interessen zu entdecken und auszubauen.

Dabei fördern und fordern wir Berufsanfänger:innen von Anfang an. Erfahrene Berufsträger:innen betreuen junge Assistenzen im Rahmen unseres Mentorenprogramms. In unseren interdisziplinären Teams übernehmen Neueinsteiger umfassende Aufgaben mit eigener Verantwortlichkeit. Dabei ist es uns wichtig, dass unsere Mitarbeitenden nicht nur einzelne Teilbereiche eines Mandats, sondern die Aufgaben umfassend bearbeiten, damit sie das Gesamtbild nicht aus den Augen verlieren.

Im Rahmen unseres „fuks"-Programms (**F**ortbildung, **U**nternehmen, **K**ommunikation und **S**paß) stehen unseren Mitarbeitenden die unterschiedlichsten Aus-, Fort- und Weiterbildungsmöglichkeiten offen. Wir bieten im fuks insbesondere interne Seminare sowie externe Fortbildungen der Steuerberaterkammer, des IDW und der Wirtschaftsprüferkammer an. Hinter dem Konzept verbergen sich konkrete Inhalte der Führung und Mitgestaltung der Mitarbeitenden.

Eine wichtige Aufgabe des fuks ist es, gut ausgebildete Fachkräfte für HWS zu begeistern und beim vorhandenen Personal ein hohes Maß an Identifikation mit der Kanzlei und eine sehr hohe Qualität und einen erstklassigen Service zu erreichen.

Dass dieses Ziel erreicht wird, zeigt sich nicht zuletzt durch zahlreiche Auszeichnungen von HWS wie der Auszeichnung als Exzellenter Arbeitgeber („TOP JOB“) oder den wiederholten Auszeichnungen als „TOP-Steuerberater“ durch das Handelsblatt, FOCUS-SPEZIAL und FOCUS-MONEY.

Des Weiteren pflegen wir den persönlichen Kontakt unserer Mitarbeitenden auch außerhalb des Büros. So bestehen diverse fuks-Freizeitaktivitäten wie:

- fuks Running Team
- fuks Ausflüge wie beispielsweise Radtouren, Museumsbesuche, Kochkurse, Betriebsbesichtigungen etc.
- Ski-Ausfahrten, Weihnachtsfeiern, Sommerfeste usw.

Der Berufsweg bei HWS

Der Einstieg bei HWS beginnt beispielsweise als Steuerberatungs- und Wirtschaftsprüfungsassistenz. Unsere flachen hierarchischen Strukturen und unsere kurzen Kommunikationswege helfen unseren Berufseinsteiger:innen dabei, sich schnell angekommen und wohlzufühlen. Unsere Mitarbeitenden haben immer ein offenes Ohr für die neuen Kolleginnen und Kollegen und stehen ihnen stets unterstützend zur Seite.

Bei uns durchlaufen Berufseinsteiger:innen nach ihrer ersten Einarbeitung unterschiedlichste Stufen, welche eine fundierte Ausbildung und Wissensaneignung ermöglichen. Alle unsere Mitarbeitenden werden dabei mit moderner Informations- und Kommunikationstechnologie ausgestattet. Ergänzend zur Fachliteratur der HWS-Bibliothek besteht selbstverständlich Zugang zu verschiedenen digitalen Fachportalen.

Berufseinsteiger :innen sind neben der Betreuung durch ihren Mentor, einem Partner zugeteilt, der ergänzend die Personalführung und -entwicklung sicherstellt. In unseren jährlichen Mitarbeitendengesprächen werden die Arbeitsleistungen unserer Mitarbeitenden hinsichtlich Stärken und Entwicklungspotenzialen analysiert, um durch gezielte Förderung den persönlichen und unternehmerischen Erfolg sicherzustellen.

Wir freuen uns auf Sie.

HWS – die Menschen vor den Zahlen

Dr. Kleeberg & Partner GmbH
Wirtschaftsprüfungsgesellschaft
Steuerberatungsgesellschaft

Augustenstraße 10, 80333 München
Tel.: +49 89 55983-0, Fax: +49 89 55983-280
E-Mail: kleeberg@crowe-kleeberg.de, Internet: www.kleeberg.de

Standort: München

Anzahl der Mitarbeiter:	mehr als 200, davon mehr als 150 Professionals
davon Berufsträger:	über 90 (Wirtschaftsprüfer, Steuerberater, Rechtsanwälte)

Kontaktperson für Bewerbung:
Angela Litvinenko, Head of HR,
Tel.: +49 89 55983-134,
Fax: +49 89 55983-280, E-Mail: angela.litvinenko@crowe-kleeberg.de

Voraussichtlicher Bedarf 2026:

Prüfungs-/Steuerassistenten (m/w/d):	laufend nach Bedarf
Praktikanten (m/w/d):	laufend nach Bedarf
Werkstudenten (m/w/d):	laufend nach Bedarf
Duale Studenten (m/w/d):	laufend nach Bedarf

Auswahlverfahren:
Kurz-Bewerbung (CV genügt) online in unserem Bewerberportal unter www.kleeberg.de/stellenangebote/; persönliches Gespräch

Gewünschte fachliche Qualifikation:
- Abgeschlossenes Studium der Rechts- oder Wirtschaftswissenschaften oder vergleichbare Qualifikation
- Schwerpunkt im Bereich Steuern, Wirtschaftsprüfung oder Gesellschaftsrecht von Vorteil
- Berufsausbildung oder Praktika (branchenbezogen) von Vorteil
- IT- und Fremdsprachenkenntnisse wünschenswert

Gewünschte persönliche Qualifikation:
- selbstständig arbeitend
- analytisch denkend
- hohe Zahlenaffinität
- kommununikative und offene Persönlichkeit
- leistungsbereit und flexibel
- Bereitschaft zur laufenden Fortbildung
- Teamplayer

Einstiegsgehalt/besondere soziale Leistungen:
- Ein inspirierendes und dynamisches Arbeitsumfeld, das Raum für Kreativität sowie fachliche und persönliche Entwicklung bietet
- Die Möglichkeit, mit internationalen Mandanten und Mitarbeitern zusammenzuarbeiten und Ihre Sprachkenntnisse einzusetzen
- Laufende Fortbildungs- und Weiterentwicklungsmöglichkeiten
- Attraktive Vergütungspakete und Benefits, die Ihre Leistung und Ihr Engagement honorieren
- Ein professionelles und sympathisches Team, das sich gegenseitig unterstützt und gemeinsam Erfolge feiert

Zusätzliche Informationen über das Unternehmen:

☒ Internetseite (Adresse): www.kleeberg.de

☒ Social Media Kanäle LinkedIn, kununu, Instagram und YouTube

Firmenporträt Dr. Kleeberg & Partner GmbH WPG StBG

Wer oder was ist „Kleeberg“?

Dr. Kleeberg & Partner GmbH ist eine renommierte Wirtschaftsprüfungs- und Steuerberatungsgesellschaft mit langjähriger Erfahrung. Seit unserer Gründung haben wir uns zu einer der führenden Kanzleien in unserem Bereich entwickelt und unterstützen eine breite Palette von nationalen und internationalen Mandanten.

Bei Kleeberg legen wir großen Wert auf eine persönliche und vertrauensvolle Zusammenarbeit mit unseren Mandanten. Wir verstehen die individuellen Bedürfnisse und Herausforderungen jedes Unternehmens und arbeiten eng mit unseren Mandanten zusammen, um maßgeschneiderte Lösungen zu entwickeln, die ihren spezifischen Anforderungen gerecht werden.

Als Teil unseres Teams profitieren Sie von einer inspirierenden Arbeitsumgebung, die von Teamgeist, Respekt und Professionalität geprägt ist. Wir bieten Ihnen die Möglichkeit, an anspruchsvollen Projekten mit namhaften Unternehmen zu arbeiten und Ihre Fähigkeiten und Kenntnisse kontinuierlich weiterzuentwickeln.

Wir sind stets auf der Suche nach talentierten und engagierten Kollegen, die unsere Vision teilen und zum weiteren Erfolg unseres Unternehmens beitragen. Wir laden Sie herzlich ein, Teil unseres Teams zu werden und freuen uns darauf, mehr über Sie zu erfahren.

Weitere Informationen zu den Einstiegsmöglichkeiten bei uns finden Sie auf unserer Webseite unter: https://www.kleeberg.de/stellenangebote/.

Leistungsspektrum der Kanzlei

Unser Team besteht aus hochqualifizierten Experten, die über umfassendes Fachwissen und langjährige Erfahrung in den Bereichen Wirtschaftsprüfung, Steuerberatung, betriebswirtschaftliche Beratung und Corporate Finance sowie Rechtsberatung verfügen. Wir legen großen Wert auf kontinuierliche Weiterbildung und investieren in die Entwicklung unserer Mitarbeiter, um sicherzustellen, dass wir unseren Mandanten stets eine erstklassige Beratung und Dienstleistung bieten.

Unser Leistungsspektrum umfasst unter anderem:

Wirtschaftsprüfung: Wir führen gesetzlich vorgeschriebene und freiwillige Jahresabschlussprüfungen durch und stellen sicher, dass unsere Mandanten die geltenden Rechnungslegungsstandards beachten. Wir unterstützen unsere Mandanten bei der Erstellung von Jahresabschlüssen, der Buchführung, der Finanzplanung und der Erstellung von betriebswirtschaftlichen Auswertungen.

Steuerberatung: Wir bieten umfassende steuerliche Beratungsdienstleistungen für Unternehmen sowie Privatpersonen an und unterstützen unsere Mandanten bei der Optimierung ihrer Steuerbelastung und der Einhaltung der geltenden Steuergesetze.

Advisory: Wir unterstützen Unternehmen bei der strategischen Planung, der Optimierung von Geschäftsprozessen, der Implementierung von Controlling-Systemen und der Unternehmensbewertung.

Legal: Unsere Dienstleistungen auf den Gebieten des Handels- und Gesellschaftsrechts, der Transaktionsberatung, der Unternehmensfinanzierung, des Rechts der Vermögensnachfolge sowie auf vielen verwandten Gebieten des Wirtschaftsrechts und der Interessensvertretung vor Gericht werden von der kleeberg Rechtsanwaltsgesellschaft mbH erbracht.

Unsere hoch qualifizierten Mitarbeiter bieten das gesamte Beratungsspektrum der Branche – professionell und aus einer Hand. Bei komplizierten internationalen Fragestellungen greifen wir auf unser Netzwerk Crowe Global zurück. Crowe Global gehört zu den weltweit zehn größten Beratungsnetzwerken mit rund 830 Büros und mehr als 40.000 Mitarbeitern in rund 150 Ländern. Somit genießen unsere Mandanten auch auf internationaler Ebene die persönliche Betreuung unserer Kanzlei.

Mandanten und Geschäftsfelder

Kleeberg betreut ein breites Spektrum großer und mittelständischer Unternehmen und Institutionen sowie anspruchsvolle private Mandanten – oft bereits seit Jahrzehnten. Wir bündeln unsere vielfältigen Kompetenzen in den Leistungsbereichen Tax, Audit, Advisory und Legal.

Kleeberg Tax | Kleeberg Audit | Kleeberg Advisory | Kleeberg Legal

In unserem Leistungsbereich Advisory bilden die Unternehmensbewertung einschließlich der Durchführung von Due Diligences und Erstellung von Fairness Opinions, bilanzrechtliche Gutachten, Fragestellungen der Compliance und Corporate Governance, Umstrukturierungen, Unternehmensnachfolge sowie auch die Begleitung von Insolvenzverfahren wesentliche Schwerpunkte.

Kleeberg IT Audit

Seit 2017 haben wir die Crowe Kleeberg IT Audit GmbH als Tochtergesellschaft, um auf diese Weise unsere IT-Dienstleistungen weiter zu stärken. Dies geschieht nicht zuletzt vor dem Hintergrund, dass die Digitalisierung zum Teil tiefgreifende Veränderungen in den Prozessabläufen sowie den Geschäftsmodellen von Unternehmen bringt und auch steuerliche Bereiche sowie Prüfungsansätze – und damit auch die Berufsfelder der Steuerberater und Wirtschaftsprüfer – erheblich beeinflusst. IT-Audits, Prüfungen im Zusammenhang mit Datenmigration, Fraud-Prüfungen und Berechtigungsprüfungen sind nur einige wenige Schlagworte, die die große Bedeutung von IT im Zusammenhang mit der Zukunft von Prüfung und Beratung verdeutlichen.

Kleeberg Valuation

Ende 2018 wurde die Kleeberg Valuation Services GmbH Wirtschaftsprüfungsgesellschaft als weitere Tochtergesellschaft gegründet. Mit dieser Gesellschaft erbringen wir Dienstleistungen rund um Fragen zur Unternehmensbewertung, d. h. z. B. gutachterliche Bewertungen, Fairness Opinions, erbschaftsteuerliche Bewertungen, Due Diligences etc. Unsere bisherigen Tätigkeiten im Bereich Unternehmensbewertung umfassen hierbei zahlreiche Bewertungen für steuerliche und handelsrechtliche Zwecke, aktienrechtliche Strukturmaßnahmen, gesellschaftsrechtliche Fragestellungen, Transaktionen, als Sachverständige vor Gericht und viele weitere mehr.

In 2024 haben wir unsere Tochtergesellschaft „Kleeberg Sustainability Service GmbH“ gegründet. Mit dieser Gesellschaft erbringen wir Dienstleistungen im Bereich der Nachhaltigkeitsberichterstattung.

Kleeberg Sustainability

Die Unternehmen spielen eine Schlüsselrolle in der Transformation zu einer nachhaltigen Wirtschaft. Der Bereich Sustainability charakterisiert sich durch stetigen Wandel. Wir stehen unseren Mandanten bei allen aktuellen Fragestellungen zur Seite und beraten sie darüber hinaus umfassend auf Grundlage der aktuellen und zukünftigen Rechtslage. Kleeberg unterstützt bei der Erstellung von Nachhaltigkeitsberichten und gibt den Mandanten dadurch Sicherheit, dass die Berichterstattung allen derzeitigen und zukünftig anfallenden regulatorischen Anforderungen entspricht. Bestandteil unseres Leistungsspektrums ist außerdem die Prüfung von Nachhaltigkeitsberichten. Zentrales Anliegen ist es, unseren Mandanten wertvolle Anregungen für die erfolgreiche und auf ihre Ziele abgestimmte Erfüllung der Anforderungen im Bereich Sustainability Reporting zu geben.

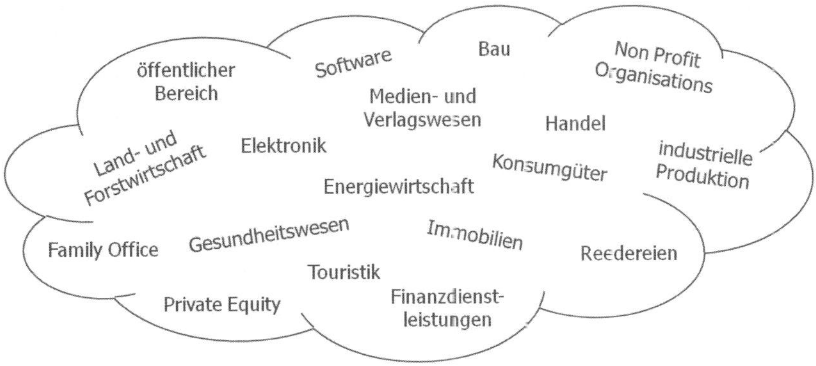

Auf die Kompetenz von Kleeberg vertrauen Mandanten aus verschiedenen Wirtschaftszweigen. Wir kennen eine Reihe von Branchen aus langjähriger Erfahrung bis ins Detail.

Neben Unternehmen betreut Kleeberg außerdem eine Vielzahl herausragender vermögender nationaler und internationaler Privatpersonen sowie eine große Anzahl an Stiftungen und Vereinen.

Entwicklungsmöglichkeiten

Kleeberg legt Wert auf eine von Anfang an breit ausgerichtete Entwicklungsperspektive. Berufsanfänger können sich in ihren ersten Jahren als Associates bei Kleeberg sowohl mit steuerlichen Fragen als auch mit den Herausforderungen der Wirtschaftsprüfung beschäftigen. Wir bieten durch unsere verschiedenen Leistungsbereiche Abwechslung und die Möglichkeit, sich individuell zu entwickeln – so, wie es am besten zu Ihnen passt.

Young Professionals bieten wir regelmäßige interne und externe Schulungen zu Themen aus der Steuerberatung und Wirtschaftsprüfung an.

Kleeberg unterstützt seine Mitarbeiter bei den Vorbereitungen auf die Berufsexamina fachlich, finanziell und durch Freistellungsregelungen. Wir haben keine vorgefertigten Trainee-Konzepte. Vielmehr legen wir Wert auf eine an den individuellen Stärken orientierte Entwicklung unserer Young Professionals. Hochschulabsolventen, die sich für vielfach mittelstandsorientierte Problemstellungen der steuerlichen Beratung und Gestaltung ebenso begeistern können wie für Fragen des Prüfungsalltags, sind für uns die Zukunft.

Forvis Mazars GmbH & Co. KG
Wirtschaftsprüfungsgesellschaft
Steuerberatungsgesellschaft

Domstraße 15, 20095 Hamburg
Tel.: +49 40 288010
E-Mail: karriere.de@forvismazars.com
Internet: https://karriere-de.forvismazars.com

Standorte in Deutschland: Berlin, Dresden, Düsseldorf, Frankfurt am Main, Greifswald, Hamburg, Köln, Leipzig, Mannheim, München, Nürnberg, Potsdam, Stuttgart

Anzahl der Mitarbeiter*innen:
Deutschland: 2.700
Weltweit: 40.000 in über 100 Ländern

Kontaktperson für Bewerbung:
Das Recruiting-Team von Forvis Mazars (karriere.de@forvismazars.com)

Voraussichtlicher Bedarf in 2026:
Praktikant*innen, Werkstudent*innen und Absolvent*innen in allen Geschäftsbereichen (Steuern, Wirtschaftsprüfung, Consulting, Recht, Financial Advisory, Accounting & Outsourcing) und an allen Standorten.

Auswahlverfahren:
Bewerbung per E-Mail (CV ausreichend), persönliches Gespräch

Gesuchte Fachrichtungen:
Wirtschaftswissenschaft, Wirtschaftsinformatik, Wirtschaftsmathematik, Wirtschaftsrecht, Rechtswissenschaften

Benefits, u. a.:
- Intensive Schulungen zum Einstieg
- Länderübergreifende Zusammenarbeit

- Förderung der Berufsexamina
- Breite fachliche Ausrichtung & aktive Mitgestaltung
- Umfangreiche Aus- und Fortbildungsprogramme
- Individuelles Coaching zur Persönlichkeitsentwicklung
- Achtsamkeitsprogramm
- Internationale Austauschprogramme
- Business Bike
- Vergünstigungen bei Urban Sports Club
- Regelmäßige interne Teamevents

Social Media:
- LinkedIn: https://www.linkedin.com/showcase/forvis-mazars-in-germany-karriere/
- Instagram: https://www.instagram.com/forvismazarsingermany/
- Facebook: https://www.facebook.com/forvismazarsingermany

Firmenportrait Forvis Mazars GmbH & Co. KG

Wir sind Forvis Mazars und du findest uns in mehr als 100 Ländern, weil wir aus Audit, Tax und Advisory weltweit nicht wegzudenken sind. Erst recht nicht, wenn es um Stärken wie Wissen, Vielfalt und Nachvornedenken geht, die wir für Unternehmen jeder Größe in jeder Phase ihrer Entwicklung einsetzen.

Als integrierte Partnerschaft mit über 40.000 Professionals, davon mehr als 2.700 an 13 deutschen Standorten, gehören wir zu den führenden Prüfungs- und Beratungsgesellschaften. Bei uns versammeln sich Talente, die für dieselbe Idee einer weltoffenen Organisation arbeiten, ihr Können bündeln und Verantwortung für sich und die Gesellschaft spüren.

Unsere fachliche Exzellenz in den Bereichen Wirtschaftsprüfung, Steuern, Recht, Accounting & Outsourcing, Financial Advisory und Consulting macht uns zu vertrauensvollen Ansprechpartner*innen für unsere Mandanten. Unsere Stärke ist die Verbindung von fachlicher Exzellenz und exzellenter Zusammenarbeit: Durch unseren team- und fachübergreifenden, länder- und kulturübergreifenden Austausch sind wir immer wieder den entscheidenden Schritt voraus.

Unsere Unternehmenskultur

Stillstand, was ist das? Wir sind immer in Bewegung. Ob es um neue Märkte geht, ums Schritthalten im Wettbewerb, um innovative Technologien – oder um deine Karriere. Die Zukunft denken wir schon heute mit. Denn nur gemeinsam wird morgen richtig gut.

Unser Portfolio ist so divers wie unsere Teams: Wir sprechen nicht nur von internationaler Kultur, wir leben sie. Bei uns kommen Talente aus 45 Nationen zusammen, und wir sind in über 100 Ländern aktiv. Gemeinsam schauen wir über Hierarchien hinweg und über Grenzen hinaus, hören zu und tauschen uns aus, mit Mandanten und im Team.

Wir sind begeistert von unserer Arbeit, doch unser Leben dreht sich um so viel mehr. Wir sind Familienmenschen, Freunde, Reisende, Sportbegeisterte, Kulturinteressierte, Ehrenamtliche. Unsere Erfahrung beweist uns immer wieder, dass die besten Ergebnisse für unser Unternehmen genau daher kommen – dass wir Menschen sind und bleiben.

Spitze Ellenbogen brauchst du bei uns nicht: Von Tag eins kannst du spüren, dass wir aus Überzeugung Teamplayer sind. Jede*r von uns ist einzigartig, und das ist gut so. Deshalb fördern wir, was dich ausmacht. Damit du dein bestes Du werden und deine Talente voll entfalten kannst. Und du die Gewissheit hast, mit Forvis Mazars die smarteste Entscheidung für deine Karriere getroffen zu haben.

Naust Hunecke Gruppe

Lange Straße 19, 58636 Iserlohn
Tel.: +49 2371 7746-0, Fax: +49 2371 774630
E-Mail: info@nhup.de, Internet: www.nhup.de

Standorte: Attendorn, Hagen, Iserlohn, Siegen, Witten

Anzahl der Mitarbeiter: rund 200
davon Berufsträger: 71

Kontaktadresse für Bewerbungen: bewerbung@nhup.de

Voraussichtlicher Bedarf 2026:
Rechtsanwälte, Steuerberater, Wirtschaftsprüfer, Prüfungsassistenten, Steuerfachangestellte, Werksstudenten, Praktikanten

Auswahlverfahren:
Schriftliche Bewerbung per E-Mail, persönliches Gespräch

Gewünschte fachliche Qualifikation:
- abgeschlossenes wirtschaftswissenschaftliches Studium
- zielgerichtete Praktika oder Berufsausbildung
- IT-Kenntnisse
- gute Englischkenntnisse

Gewünschte persönliche Qualifikation:
- unternehmerisches und analytisches Denken
- Flexibilität
- sprachliches Ausdrucksvermögen
- sicheres Auftreten
- Verschwiegenheit

Einstiegsgehalt/besondere Leistungen
- Einstiegsgehalt nach Vereinbarung
- Umfangreiche Fortbildungs- und Weiterbildungsmöglichkeiten
- Unterstützung bei der Vorbereitung auf die Berufsexamina

Zusätzliche Informationen über das Unternehmen:

☒ Internetseite: www.nhup.de

☐ Bewerberbroschüre

☒ Unternehmensbroschüre

Firmenportrait NH Gruppe

Ob Angestellter oder Unternehmer, öffentliche Institution oder Privatperson – die meisten von uns beschäftigen sich nur ungern mit Steuer-, Rechts- und Wirtschaftsthemen. Genau hier kommen wir ins Spiel: Die NH Gruppe. Wir bieten neben qualitativ hochwertiger Abschlussprüfung sowie Abschlusserstellung nach nationalen und internationalen Rechnungslegungsnormen ein breites Spektrum an Leistungen in den Bereichen Steuerberatung, Rechtsberatung und betriebswirtschaftlicher Beratung an. Und dies nicht nur in Südwestfalen sondern über unser MOORE Netzwerk weltweit.

In der langjährigen und partnerschaftlichen Zusammenarbeit mit unseren Mandanten haben wir gelernt, worauf es ankommt: Vertrauen. Sie ist die unabdingbare Voraussetzung für ein offenes, ziel- und erfolgsorientiertes Klima zwischen Mandant und Kanzlei.

Doch wer sind unsere Mandanten? Das sind Unternehmen aus Industrie, Handel und Dienstleistung oder auch aus öffentlich-rechtlichen Bereichen sowie Privatpersonen. Wir beraten und betreuen sie umfassend in allen wirtschaftlichen, steuerlichen und rechtlichen Belangen. Spezialdisziplinen, wie z. B. prüfungsnahe Beratungsleistungen sowie Unternehmensberatung und Dienste im IT-Bereich, decken wir ebenfalls durch unsere NH Partner ab.

Leistungsportfolio

Wirtschaftsprüfung

Im Bereich der Wirtschaftsprüfung arbeiten wir eng mit unseren Mandanten zusammen. Nur so schaffen es unsere Experten bei NH, mehr als eine standardisierte, gesetzlich vorgeschriebene Dienstleistung anzubieten. Wie das funktioniert? Im ersten Schritt gilt unser Fokus dem individuellen Geschäfts- und Risikoumfeld unserer Mandanten. Wir führen eine geschäftsprozess- und risikoorientierte Analyse der Unternehmensaktivitäten und des internen Kontrollsystems durch, sodass wir Risiken und ihren Einfluss auf die Geschäftsentwicklung frühzeitig erkennen. Im nächsten Schritt werden kritische Themen und Optimierungspotenziale an einem Tisch mit unserem Mandanten besprochen. Abschließend dokumentieren wir unsere Arbeit in aussagefähigen Prüfungsberichten, die unseren Mandanten als Informationsquelle, Vorlage für Bankengespräche, Aufsichtsrats- und Gesellschafterversammlungen sowie als Grundlage für unternehmerische Entscheidungen dienen. Durch unsere Mitgliedschaft im MOORE Netzwerk können wir unseren international tätigen Mandanten Ansprechpartner aus dem Netzwerk für die Prüfung von ausländischen Tochterunternehmen vermitteln. Wir führen Konzernabschlussprüfungen durch und unterstützen unsere Mandanten bei der Planung und Organisation der Prüfungen.

Steuerberatung

Kein Bereich unterliegt derartigen Veränderungen wie das Steuerwesen. Gesetzesänderungen in kurzen Intervallen, der Wirtschaftswandel und stetige Neuerungen in der Rechtsprechung stellen große Herausforderungen an die Steuerberatung. Deshalb ist es heute umso wichtiger, strategische und betriebswirtschaftliche Entscheidungen unter Berücksichtigung von steuerlichen Auswirkungen zu treffen. Hand in Hand mit unserem Mandanten entwickeln wir maßgeschneiderte Steuerkonzepte, welche die aktuelle Situation und die persönlichen Vorstellungen des Mandanten berücksichtigen. Im Rahmen des MOORE Netzwerkes sind wir in der Lage, auch anspruchsvolle internationale steuerliche Fragestellungen zu lösen.

Rechtsberatung

Rechtliche Fragestellungen: Für fast jeden Unternehmer ein Buch mit sieben Siegeln. Dabei sind sie nahezu bei allen unternehmerischen Handlungen und Phasen der Unternehmensentwicklung zu berücksichtigen. Deshalb überlässt man dies am besten den Profis. Wir bei NH konzentrieren uns schwerpunktmäßig auf wirtschaftsrechtliche Bereiche und beraten den Mandanten immer unter Berücksichtigung der steuerlichen Auswirkungen in Abwägung der Risiken, der wirtschaftlichen Chancen und der persönlichen Situation. Selbstverständlich begleiten und/oder vertreten unsere Rechtsanwälte den Mandanten in den jeweiligen Verhandlungen und Verfahren. Darüber hinaus gestalten und pflegen wir alle für die Unternehmensführung erforderlichen Verträge.

Unternehmensberatung

Mittelständische Unternehmen wollen sich auf ihre Kernkompetenz konzentrieren. Doch Themen wie Personalführung, Produktion und Produktentwicklung, Kunden- und Lieferantenbetreuung, Investitionen und Finanzierung bis hin zur Organisation sind ein Teil jeder Unternehmung. Das Ziel der Experten bei NH ist es, mittelständische Unternehmen wirtschaftlich zu stärken: Mit gezielten Strategien, der Beobachtung von Absatz- und Beschaffungsmärkten und durch die Antizipation von relevanten Veränderungen – innerhalb und außerhalb des Unternehmens. Wir sind der Partner des Mittelstandes und begleiten den Mandanten bei allen unternehmerischen Entscheidungen: Mit einem eigens zusammengestellten Team, bestehend aus Rechtsanwälten, Steuerberatern, Wirtschaftsprüfern und qualifizierten Beratern der NH Unternehmensberatung.

Transaktionsberatung

Die wichtigsten Instrumente der Unternehmensstrategie: Kooperationen in sämtlichen Ausprägungen, die Ausweitung der Aktivitäten im Ausland sowie der gesamte Bereich Mergers & Acquisitions (M & A). Hier gilt es den richtigen Fokus zu setzen, um die Zukunft des Unternehmens zu gestalten. Die Gestaltung reicht von der Nachfolge von Familienmitgliedern im Unternehmen oder Nachfolge durch Mitarbeiter des Unternehmens über die strategische Kooperation mit Dritten bis hin zum Erwerb oder der Veräußerung von Unternehmen.

Die Zielsetzungen solcher Transaktionen sind vielfältig: Konzentration auf die Kernkompetenz, Ausbau der Marktposition im globalen Wettbewerb oder auch die Sicherung der Unabhängigkeit des Unternehmens im Zuge anstehender Generationenwechsel. Der Transaktionserfolg hängt nicht zuletzt von einer Vielzahl emotionaler Faktoren ab, die ebenso zu berücksichtigen sind wie die wirtschaftlichen und rechtlichen Rahmenbedingungen.

Nachfolgeberatung

Wer wird der Nächste? Die Frage nach der Unternehmensnachfolge wird für den Mittelstand in Deutschland immer wichtiger. Wer sich näher damit beschäftigt, merkt schnell, dass sich diese Aufgabe nicht einfach nebenbei mit dem Anwalt und dem Steuerberater lösen lässt. NH widmet sich dieser Aufgabe. Denn wir sind Prüfer und Berater des Mittelstands aus Tradition. Unser Team hilft dem Unternehmer, sein Lebenswerk in Deutschland und weltweit „in trockene Tücher" zu bringen und komplexe Sachfragen zu beantworten. Für einen erfolgreichen Generationenwechsel im Unternehmen.

Treuhandtätigkeit

Ihr Anliegen in treuen Händen. Wir bei NH vertreten die Interessen unserer Mandanten in vielen Sachverhalten. Von der Nachlassverwaltung, Liquidation und Vermögensverwaltung bis hin zur Vormundschaft oder Notgeschäftsführung, achten wir stets auf die Balance zwischen den verschiedenen Interessen – natürlich unter Beachtung gesetzlicher und vertraglicher Regeln. Loyal, unabhängig und objektiv.

Landwirtschaftliche Buchstelle

Sie sind das Rückgrat der deutschen Wirtschaft – die land- und forstwirtschaftlichen Betriebe. Bei NH arbeiten ausgewiesene Sachkundige für die umfangreichen Spezialthemen in diesem Bereich: Besteuerung der Land- und Forstwirtschaft, Agrarrecht, Agrarkreditwesen und landwirtschaftliche Betriebswirtschaft. So schaffen wir es, den Mandanten ganzheitlich in allen steuerlichen und betriebswirtschaftlichen Angelegenheiten im Agrarsektor zu beraten und zu betreuen.

Finanz- und Personalrechnungswesen

Wir stellen die Weichen schon früh, damit alles seine geordneten Bahnen läuft. So unterstützen wir unsere Mandanten umfassend in allen notwendigen Bereichen ihrer Finanzbuchführung, sowohl bei uns als auch beim Mandanten, analog oder digital immer nach individuellen Bedürfnissen. Wir übernehmen die Erstellung der Betriebswirtschaftlichen Auswertung bei Finanzbuchhaltungen in unserem Haus oder helfen bei der Plausibilisierung der vom Mandanten erstellten Auswertungen. Mit den Umsatzsteuervoranmeldungen entlasten wir die Mandanten bei der Steuerdeklaration.

Die Leistungen erstrecken sich über die Kontierung von Belegen, die Eingabe, die Anlagenbuchhaltung, die Debitoren- und Kreditorenbuchhaltung inklusive der Überwachung nebst Mahnwesen, speziellen Branchenlösungen, Kostenrechnung, unterjährige Erfolgskontrolle u. v. m.

Im Rahmen der Lohn- und Gehaltsabrechnung sind wir auch hier in allen notwendigen Bereichen versiert. Von der klassischen Abrechnung über Baulohnabrechnungen, den Umgang mit der Anwendung von Tarifverträgen, die Beurteilung von internationalen Sachverhalten im Personalbereich bis hin zum vollständigen Outsourcing der Personalverwaltung bieten wir einen umfassenden Service. Darüber hinaus können wir in Zusammenarbeit mit unseren spezialisierten Anwälten und Rentenberatern auch alle im Zusammenhang mit der Abrechnung stehenden arbeits- und sozialversicherungsrechtlichen Fragestellungen beantworten.

Internationale Kompetenz

Die Welt rückt immer näher zusammen – vor allem in der Wirtschaft. Wer hier optimal vernetzt ist, bringt die besten Leistungen. Deshalb ist Naust Hunecke aktiv im MOORE Netzwerk tätig. Die Zusammenarbeit mit MOORE sichert unseren Mandanten individuelle Beratung und Betreuung bei gleichzeitiger Nutzung gemeinsamer Ressourcen des Netzwerkes und der vielfältigen internationalen Kontakte.

MOORE Deutschland wird von unabhängigen Wirtschaftsprüfungs- und Steuerberatungsgesellschaften getragen. Die Gesellschaften verfügen über hohes Ansehen, Fachkompetenz und Wettbewerbsfähigkeit. Sie bieten in den wichtigsten deutschen Ballungsräumen einen kompetenten Ansprechpartner. Die deutsche Organisation ist Mitglied von MOORE Global, einem weltweiten Netzwerk von rund 230 führenden Wirtschaftsprüfungs- und Steuerberatungsgesellschaften, mit Standorten in 522 Städten und in mehr als 110 Ländern sowie über 37.000 Mitarbeitern. Seit 1907 haben die Mitglieder ein großes Spektrum professioneller Dienstleistungen entwickelt, um ihre Mandanten bei ihrer Arbeit über Grenzen hinweg zu unterstützen.

W+ST

Münchener Straße 1, 66763 Dillingen
Tel. +49 6831 762-0, E-Mail: info@w-st.de
Internet: www.wst.de

Standorte: Insgesamt 23 Standorte mit Hauptsitz in Dillingen/Saar (Bensheim, Frankfurt, Kaiserslautern, Koblenz, Köln, Luxemburg, Mainz, Neunkirchen, Saarbrücken, Trier, Zweibrücken u. a.)

Anzahl der Mitarbeitenden: Rund 650 Mitarbeitende

Tätigkeitsfelder:
Wirtschaftsprüfung, Steuerberatung, Unternehmerberatung, Rechtsberatung, Compliance, Entgeltabrechnung, Gesundheitswesen, IT-Consulting, Kommunalberatung, Nachhaltigkeit, Rechnungswesen, Fördermittelberatung

Kontaktperson für Bewerbungen:
Nicole Wolff, HR-Manager
Tel. +49 6831 762-166, job@w-st.de, www.wst.de/karriere/

Gewünschte fachliche Qualifikation:
Studierende (ab dem 3. Semester), Absolventinnen und Absolventen wirtschaftswissenschaftlicher Studiengänge, Steuerfachangestellte mit Berufserfahrung, Berufseinsteiger/-innen mit Interesse an Steuerberatung und Wirtschaftsprüfung

Einstiegsmöglichkeiten:
Praktikum, Ausbildung, Werkstudierendentätigkeit, Traineeprogramme, Direkteinstieg, Berufseinstieg für Absolventen

Besonderheiten für Berufseinsteiger:
- Persönliche/-r Mentor/-in ab dem ersten Tag
- Onboarding-Programm & Einführungstage

- Faires Gehalt mit zahlreichen Zusatzleistungen
- Förderung von Steuerberater- & Wirtschaftsprüferexamina
- Strukturiertes Laufbahnmodell & individuelle Entwicklungsgespräche

Aus- und Weiterbildung:
- Interne W+ST Akademie für Fach- & Soft-Skill-Trainings
- Berufsbegleitende Weiterbildungen
- Führungskräfteprogramm
- Förderung individueller Karriereziele durch Kompetenzmodelle

Benefits:
- Flexible Arbeitszeiten & Homeoffice
- Individuelle Teilzeitlösungen
- Moderne IT-Ausstattung
- Betriebliche Altersvorsorge
- Zuschüsse zur Weiterbildung
- Angebote zur Gesundheitsförderung
- Events & standortübergreifende Netzwerke
- Eigenverantwortliches Arbeiten mit Teamrückhalt

Work-Life-Balance & Unternehmenskultur:
- Flache Hierarchien & wertschätzendes Miteinander
- Familienfreundliche Arbeitszeitmodelle
- Regionale Verwurzelung mit überregionalen Entwicklungsperspektiven
- Engagement für nachhaltige Unternehmensentwicklung

W+ST – Beratung mit Weitblick, Karriere mit Perspektive

W+ST Gruppe – Perspektiven für Beratungstalente

Die W+ST Gruppe zählt zu den führenden mittelständischen Wirtschaftsprüfungs- und Steuerberatungsgesellschaften in Deutschland. An 23 Standorten arbeiten rund 650 Mitarbeitende interdisziplinär zusammen, um Unternehmen, die öffentliche Hand und Privatpersonen mit fundierter Expertise und ganzheitlicher Perspektive zu beraten. Regionale Verankerung, internationale Vernetzung und eine zukunftsorientierte Unternehmensphilosophie machen W+ST zu einem attraktiven Arbeitgeber, insbesondere für Berufseinsteiger/-innen mit dem Ziel Steuerberater/-in oder Wirtschaftsprüfer/-in.

Unternehmensstruktur und Ausrichtung

Die W+ST Gruppe setzt sich aus 39 rechtlich selbstständigen Gesellschaften zusammen, die unter einer gemeinsamen Dachmarke agieren. Der Hauptsitz befindet sich in Dillingen/Saar, wo rund 120 Mitarbeitende tätig sind. Die dezentrale Struktur gewährleistet eine mandatsnahe Betreuung mit regionalen Ansprechpartnerinnen und Ansprechpartnern, während zentrale Steuerung und Qualitätsstandards für Konsistenz, Effizienz und Verlässlichkeit sorgen.

Die organisatorische Ausrichtung der Gruppe schafft eine Balance zwischen lokaler Eigenständigkeit und übergreifender Zusammenarbeit. Komplexe Mandatsstrukturen und branchenspezifische Anforderungen werden flexibel durch vernetzte Expertenteams bearbeitet. Das Zusammenspiel aus regionaler Nähe und fachlicher Tiefe bildet dabei den Kern der Beratungsphilosophie.

Fachliches Leistungsspektrum

Das Beratungsspektrum der W+ST Gruppe ist breit gefächert und auf die individuellen Bedürfnisse des gehobenen Mittelstands, öffentlicher Institutionen sowie vermögender Privatpersonen zugeschnitten. Die Dienstleistungen im Überblick:

- **Wirtschaftsprüfung**
  Gesetzliche und freiwillige Abschlussprüfungen nach nationalen und internationalen Standards, Sonderprüfungen sowie prüfungsnahe Beratung (z. B. internes Kontrollsystem, Compliance, Nachhaltigkeitsberichterstattung). Die Prüfungsqualität wird durch digitale Tools und moderne Methodik kontinuierlich weiterentwickelt.

- **Steuerberatung**
  Laufende steuerliche Betreuung, Gestaltungsberatung, Steuererklärungen, Nachfolgeplanung, Begleitung bei Betriebsprüfungen sowie Vertretung vor Finanzbehörden und Finanzgerichten. Besonders stark ist W+ST bei Umstrukturierungen und grenzüberschreitenden Sachverhalten.

- **Unternehmerberatung**
  Ganzheitliche Beratung auf Augenhöhe mit Unternehmer/-innen, Gesellschafter/-innen und vermögenden Privatpersonen – etwa zur Vermögensstrukturierung, Nachfolgegestaltung, Stiftungsmodellen oder Investitionen. Ziel ist eine individuell passende, steuerlich und betriebswirtschaftlich sinnvolle Gesamtlösung.

- **Rechtsberatung**
  In Kooperation mit rechtlich eigenständigen Kanzleien innerhalb der Gruppe werden Mandantinnen und Mandanten zu Gesellschafts-, Erb-, Arbeits- und Steuerrecht beraten. Die rechtliche Einbettung erfolgt stets im Kontext betriebswirtschaftlicher und steuerlicher Überlegungen.

- **Betriebswirtschaftliche Beratung**
  Unterstützung bei strategischen Entscheidungen, Unternehmensbewertungen, Restrukturierungen, Investitionsvorhaben und Digitalisierung. Die Beratung ist lösungsorientiert, praxisnah und nachhaltig ausgerichtet.

- **Fördermittelberatung**
  Recherche und Auswahl geeigneter Förderprogramme auf EU-, Bundes- und Landesebene, Begleitung der Antragstellung sowie Beratung zur Mittelverwendung.

- **IT-Consulting & Digitalisierung**
  Beratung zur digitalen Transformation, insbesondere rund um DATEV-Prozesse, IT-Sicherheit, Schnittstellenberatung sowie Datenschutz. W+ST

begleitet Mandanten bei der Optimierung betrieblicher Abläufe durch digitale Tools.

- **Rechnungswesen & Lohnbuchhaltung**
  Übernahme der laufenden Buchhaltung, Jahresabschlusserstellung, Lohn- und Gehaltsabrechnungen, auf Wunsch vollständig digitalisiert und mit prozessorientierter Umsetzung.
- **HR-Services**
  Beratung zu Recruiting, Vergütungsmodellen, Arbeitsverträgen und Personalentwicklung. Die Leistungen richten sich an Unternehmen und Mandanten mit komplexen Personalstrukturen, häufig in interdisziplinärer Zusammenarbeit mit Steuer- und Arbeitsrechtsexpertinnen und -experten.

Die Projektteams arbeiten je nach Anforderung fach- und standortübergreifend zusammen, um Mandanten passgenaue und qualitativ hochwertige Lösungen zu bieten.

Unternehmensphilosophie und Haltung

Die W+ST Gruppe versteht sich als langfristiger, verlässlicher Partner, sowohl für Mandanten als auch für Mitarbeitende. Die Beratung ist individuell, praxisnah und von einem klaren Werteverständnis getragen: Verlässlichkeit, Transparenz und unternehmerisches Denken sind zentrale Leitlinien.

Verantwortungsbewusstsein ist ein fester Bestandteil des Selbstverständnisses, gegenüber Mandantinnen und Mandanten, der Gesellschaft und innerhalb des Teams. Auch in Zeiten regulatorischer oder technologischer Umbrüche positioniert sich die Gruppe als stabiler und vertrauenswürdiger Orientierungspartner.

Intern legt W+ST großen Wert auf eine vertrauensvolle, offene und verantwortungsbewusste Zusammenarbeit. Die Unternehmenskultur ist geprägt von flachen Hierarchien, Eigenverantwortung und einem respektvollen Miteinander. Mitarbeitende gestalten aktiv Entwicklungsprozesse mit – sei es in Projektgruppen, Innovationsinitiativen oder strategischen Themen.

Personalentwicklung und Karrierewege

Die Förderung von Talenten ist ein strategischer Schwerpunkt der W+ST Gruppe. Ein strukturiertes Laufbahnmodell mit klaren Karrierestufen bietet Orientierung und Entwicklungsperspektiven – vom Einstieg bis zur Führungsebene. Es macht Anforderungen, Zielbilder und Entwicklungsmöglichkeiten für jede Karrierestufe transparent und nachvollziehbar.

Die fachliche und persönliche Entwicklung wird durch die W+ST Akademie und folgende Bausteine unterstützt:

- **Interne Fachseminare**, **Soft-Skill-Trainings** und **Onboarding-Programme**
- **Externe Weiterbildungen**, z.B. zur Vorbereitung auf Steuerberater- oder Wirtschaftsprüferexamen
- **Führungskräfteprogramme** zur Entwicklung von Managementkompetenzen
- **Projektarbeit** und **Netzwerktreffen** zur Förderung des interdisziplinären Austauschs
- **Regelmäßige Entwicklungsgespräche** mit Feedback und individueller Zielvereinbarung

Flexible Arbeitszeitmodelle, Homeoffice-Optionen und Unterstützung bei der Vereinbarkeit von Beruf und Familie tragen zur Work-Life-Balance bei. Leistung und Engagement werden anerkannt und durch transparente Aufstiegskriterien honoriert.

Fazit

Die W+ST Gruppe steht für fachliche Exzellenz, regionale Verankerung und eine zukunftsgerichtete, wertebasierte Unternehmenskultur. Als Arbeitgeber bietet sie ein Umfeld, in dem langfristige Entwicklungsperspektiven, Eigenverantwortung und persönliche Wertschätzung im Mittelpunkt stehen.

Wer bei W+ST arbeitet, gestaltet nicht nur Mandate, sondern auch den eigenen Karriereweg aktiv mit. Die Kombination aus fachlicher Breite, individuellem Coaching und echter Mitgestaltung macht die Gruppe zu einem attraktiven Arbeitgeber für alle, die Beratung als verantwortungsvolle Zukunftsaufgabe verstehen.

WOTAX Beratergruppe
Steuerberater – Wirtschaftsprüfer – Rechtsanwälte

Standorte: Aachen, Berlin, Bochum, Hamburg, Köln, Magdeburg, Potsdam, Shanghai, Stuttgart, Wiesbaden, Wolfenbüttel

Anzahl der Mitarbeiter: bundesweit 170
davon Berufsträger: 27

Kontaktperson für Bewerbungen:
Nicole Reinhard, E-Mail: bewerbung@wotax.de,
Tel.: +49 241 920 42 111, Fax +49 241 920 42 4111

Voraussichtlicher Personalbedarf 2026:
Auszubildende zum Steuerfachangestellten (m/w/d), Auszubildende zur Kauffrau/Kaufmann für Büromanagement, Steuerberater (m/w/d), Steuerfachangestellte (m/w/d), Steuerfachwirt (m/w/d), Finanzbuchhalter (m/w/d), Lohnbuchhalter (m/w/d), Wirtschaftsprüfer (m/w/d), Volljuristen (m/w/d), Informatiker (m/w/d) und Datenbankentwickler (m/w/d), Empfangsmitarbeiter (m/w/d)

Auswahlverfahren:
Aussagekräftige Bewerbungsunterlagen, guter telefonischer Kontakt, Vorstellungsgespräch mit i. d. R. mehreren Runden, in bestimmten Berufsfeldern ein Probearbeitstermin, vereinzelt Assessment Center

Gewünschte fachliche Qualifikation:
Abgeschlossenes Hochschulstudium der Rechts- und/oder Wirtschaftswissenschaften mit sehr gutem bis gutem Leistungsnachweis, abgeschlossenes Fachhochschulstudium mit sehr gutem bis gutem Leistungsnachweis, für Ausbildungen einen sehr guten bis guten sekundären Schulabschluss

Gewünschte persönliche Qualifikation:
Hohe Einsatzbereitschaft und Eigenverantwortung, exzellente Kommunikationsfähigkeit, hohe Teamfähigkeit, überzeugendes Auftreten, gewissenhaftes

und genaues Arbeiten, Zielstrebigkeit, Termintreue und Arbeiten unter Zeitvorgaben

Einstiegsgehalt:
Überdurchschnittlich und nach Vereinbarung, je nach Qualifikation und Einsatzbereich

WOTAX-Benefits:
Top-Gehalt, Bistro und Bar, Snacks, Feiern und Events, Lohnbausteine, flexible Arbeitszeiten, familienfreundlicher Arbeitgeber (mit Auszeichnung), Examensförderung, duales Studium, Standortwechsel u. v. m.

Firmenporträt WOTAX Beratergruppe

Gegründet 1979 mit dem Anspruch, durch Leidenschaft, Vertrauen und Können den Erfolg der Mandanten zu befördern und diese Philosophie stets auf alle Mitarbeiter und Stakeholder zu übertragen, ist sich die WOTAX mit diesem Leitsatz bis heute treu geblieben. Durch alle Geschäftsbereiche der WOTAX zieht sich der Anspruch, dem Kunden eine hochwertige Dienstleistung über die klassischen Beratungsfelder hinaus zu bieten. Der Mandant hat die Möglichkeit, eine höchst individuelle Beratung zu erhalten in allen wichtigen Bereichen der Steuer- und Unternehmensberatung, Wirtschaftsprüfung und Rechtsberatung (WOTAXlaw). Mandantenorientierung ist für uns mehr als nur ein Wort, es ist Teil unserer Berufung und bedeutet Mehrwerte zu schaffen.

Durch bestens ausgebildete Mitarbeiter ist es der WOTAX Beratergruppe möglich, sich intensiv mit komplexen und anspruchsvollen Mandaten auf besonders qualifizierte und effiziente Art zu befassen. Die Erfahrung der Kanzlei erstreckt sich über eine Vielzahl an Branchen und erlaubt bereits in der Mandatsanbahnung eine qualifizierte Analyse des Mandatsumfangs und der erforderlichen Leistungen.

Die WOTAX Beratergruppe ist bundesweit aufgestellt, geht aber auch über Grenzen hinaus und verfügt über ein erstklassiges Netzwerk im In- und Ausland. Bereits in der Vergangenheit konnte die WOTAX immer wieder die Beratung von Unternehmen im europäischen Ausland begleiten.

Steuerberatung

Die langjährige Erfahrung in der Steuer- und Unternehmensberatung hat zu einem hochqualifizierten Fachwissen beigetragen, welches die WOTAX mit ihren jeweiligen Gesellschaften den Mandanten weitergibt. So verfügt unser Geschäftsbereich WOTAXtank über jahrzehntelange Erfahrung im Markt der Tankstellen, Händler und Mineralölgesellschaften, der Bereich WOTAXmed bündelt Kompetenzen für Heilberufe, Apotheker und MVZ. Des Weiteren ist WOTAXfranchise auf die Branchen- und Systemberatung fokussiert, während

WOTAXclassic Industrie- und Mittelstandsmandate bündelt und in Kompetenzclustern berät. Durch die Schaffung von Spezialisierung einerseits und durch die Bündelung von Kompetenzen andererseits hat die WOTAX über viele Jahre unzähligen Unternehmen erfolgreiche Dienstleistungsmodelle anbieten können und entwickelt diese kontinuierlich weiter. Dabei verlieren wir uns nicht in anonymer Größe, sondern halten eine Balance aus persönlicher Beratung und dem Leistungsportfolio einer mittelständisch verwurzelten Großkanzlei. Es ist diese langjährige Erfahrung und die effiziente Eingliederung in ein komplexes Beratungsnetzwerk, welches dem Mandanten ein Höchstmaß an Unterstützung bietet, um wirtschaftlich erfolgreich und in jeder Hinsicht gut aufgestellt zu sein.

Inhalte der Steuerberatung sind unter anderem die Steuerdeklaration und Steuerrechtsdurchsetzung, insbesondere aber die Steuergestaltung unter Einbeziehung betriebswirtschaftlicher Fragen. Natürlich erledigen wir dabei für unsere Mandanten das Tagesgeschäft der monatlichen Finanz- und Lohnbuchhaltung bis hin zum vollständigen Outsourcing des Rechnungswesens unserer Mandanten. Die hohe Anzahl in unserem Hause angefertigter Jahresabschlüsse ist Ergebnis des uns entgegengebrachten Vertrauens, zugleich aber auch Grundlage weitergehender Beratungsansätze für Unternehmen aller Rechtsformen und Größe. Ein besonderer Schwerpunkt ist zudem die Gestaltung der Unternehmensnachfolge.

Lohnbuchhaltung und Personalmanagement

Eine besondere Stellung in der WOTAX Beratergruppe genießt die in eine eigene Abteilung ausgegliederte Lohn- und Gehaltsbuchhaltung. Unsere Lohnbuchhaltung bildet ein Kompetenzzentrum, in dem alle vereinbarten Leistungen der lohnsteuerlichen und sozialversicherungsrechtlichen Themen bearbeitet, und ferner Leistungen des Personalmanagements angeboten werden. Die unterschiedlichen Unternehmen und Betriebe, welche in unserem Hause beraten werden, vereint der Wunsch nach Pilotierung im Dickicht des Lohnsteuer- und Sozialversicherungsrechtes. Die betriebliche Abwicklung von Lohn- und Gehaltsabrechnungen, Führung von Jahreslohnkonten, eine Vielzahl elektronischer Meldungen und Beitragsnachweisen sind nur ein kleiner Teil der Kompetenzen unseres Lohnzentrums. Individuelle Auswertungen und die proaktive Beratung, sei es zum Mindestlohn oder einer steueroptimierten Vergütungsstruktur der Belegschaft, sind einige der bemerkenswerten Dienstleistungen der WOTAX Beratergruppe. Unsere kompetenten Mitarbeiter beraten unsere Mandantschaft fortlaufend und entlasten Unternehmer so von einer ganzen Batterie an Aufgabenstellungen. Auf Wunsch übernehmen wir ganze HR-Themen unserer Mandanten, von der Personalsuche bis hin zum Zeugnis.

Wirtschaftsprüfung

Die umfassende Erfahrung der Wirtschaftsprüfer unseres Hauses ergänzt das Portfolio gesamtheitlicher Leistungen, die ein Mandant bei uns erhalten kann. Besonders die sog. Doppelbänder, also Steuerberater und Wirtschaftsprüfer, erlauben eine ganzheitliche Analyse von komplexen Problemstellungen, welche erst die hohe berufliche Qualifikation eröffnet. Neben Abschlussprüfungen von Einzel- und Konzernabschlüssen stehen wir unseren Mandanten im Rahmen von Due-Diligence Prüfungen und Unternehmensbewertungen zur Seite und begleiten sowohl Buyside- als auch Vendor-Due Diligence Prozesse sowie die dazugehörige M&A Transaktion für Mandanten mit sich verändernden oder wachsenden Unternehmensstrukturen. Dies kann mit einer indikativen Bewertung beginnen bis hin zu einem umfangreichen IDW S1 oder Sanierungsgutachten. In diesem Zuge bildet die interdisziplinäre Planung der Unternehmensnachfolge ebenfalls eine Kernleistung, die weit über die Sichtung von Bilanzen hinausgeht.

WOTAX bietet umfassende Dienstleistungen im Bereich der Nachhaltigkeitsberichterstattung und -prüfung an, die sich an den Anforderungen der Corporate Sustainability Reporting Directive (CSRD) und den European Sustainability Reporting Standards (ESRS) orientieren:

Dazu gehören die Entwicklung individueller Nachhaltigkeitsstrategien sowie die umfassende Analyse von Strategie und Wertschöpfung Ihres Unternehmens, die Durchführung von GAP-Analysen hinsichtlich regulatorischer Anforderungen und Deep-Dives zu spezifischen Nachhaltigkeitsthemen. Wir unterstützen Unternehmen bei der Erstellung gemäß ESRS-Vorgaben sowie der Prüfung von Nachhaltigkeitsberichten. Unsere Dienstleistungen richten sich nicht nur an große Unternehmen, sondern auch an mittelständische Gesellschaften, die aufgrund von Geschäftsbeziehungen oder Stakeholder-Erwartungen freiwillig berichten möchten oder müssen. Wir helfen, Transparenz im Dickicht der Anforderungen zu bringen.

Rechtsberatung

Die Beratungsbereiche der WOTAXlaw sind vielfältig und umfassend. Mit angestammter Expertise vertreten die Rechtsanwälte und Fachanwälte der WOTAXlaw die Belange unserer Mandanten auf dem Feld der Rechtsberatung. Die Tätigkeitsfelder der WOTAXlaw decken unter anderem folgende Rechts- und Themengebiete ab:

Allgemeines Zivilrecht, Gesellschaftsrecht, Arbeitsrecht, Medizinrecht, Arztrecht, Vertragsarztrecht, Apothekenrecht, Vorsorgevollmacht und Patientenverfügung, Steuerstrafrecht, Versicherungsrecht, Verkehrsrecht, Vergaberecht, Verwaltungsrecht, Öffentliches Baurecht.

Organisation und Verantwortung

Besonderen Wert legt die Geschäftsleitung auf eine lebendige Zusammenarbeit und lernende Prozesse. Möglichst zu jeder Zeit sollte jeder Mitarbeiter die Möglichkeit besitzen, interne Entscheidungsträger wie Team- und Bereichsleiter anzusprechen. Das heißt aber nicht, dass Sie bei uns ohne selbständiges Arbeiten und hohe Eigenverantwortung auskommen. Das erwarten wir von Ihnen.

Kollegen haben stets Gelegenheit, schnell die wichtigsten Daten einer Mandatsbetreuung in unserem zentralen, modernen und sich ständig verbessernden IT-Umfeld abzurufen. Garant dafür ist unter anderem unsere hauseigene IT-Abteilung. Sie hilft auch bei Anwenderfragen oder vermittelt den passenden Ansprechpartner.

Die WOTAX Beratergruppe möchte sich kontinuierlich und nachhaltig weiterentwickeln und bespricht sich in abteilungsinternen sowie abteilungsübergreifenden Meetings regelmäßig zu neuen Anforderungen einer modernen Organisationstruktur. Mitarbeiter sind dabei einbezogen in ihrem jeweiligen Einsatzbereich Verantwortung zu übernehmen, eigene Projekte zu leiten und die Werte des Unternehmens zu leben. Wir suchen Menschen, die Dinge verbessern wollen und neue Wege erkennen, bevor diese ausgetretene Pfade sind.

Karriere und Einsatzbereiche

Um höchsten Anforderungen zu genügen, fordern wir viel von uns und unseren Mitarbeitern und fördern diese auf vielfältigen Ebenen, privat wie beruflich. Qualifizierte (Neu-)Einsteiger, die diese Herausforderung mit Spaß, Freude und Leidenschaft für unseren Beruf annehmen wollen, sind uns daher immer willkommen.

Wir wollen Ihr Bestes, damit wir unser Bestes geben können

Wir wissen, dass Lebensläufe meistens keine gerade Linie sind und nicht immer alles nach Plan verläuft. Das wird in Ihrem Beraterallltag nicht anders sein! Wir wollen aber wissen, wie Sie mit Herausforderungen umgehen, was Ihnen weniger liegt und was Sie als Persönlichkeit auszeichnet. Sie müssen nicht fließend Gujarati sprechen, Konzertpianist sein oder mit einem Fallschirm aus Flugzeugen springen, aber Sie sollten sich von anderen unterscheiden. Präzision und Aussagekraft sind das A und O in der Beratung. Machen Sie sich daher die Mühe, ein sauberes, aussagekräftiges Anschreiben und dazu passende Unterlagen zusammenzustellen. Erläutern Sie uns die Motivation für Ihre Bewerbung und legen Sie Ihrem Lebenslauf Abschriften Ihrer Zeugnisse bei. Bei einer Online-Bewerbung gern als Dateianhang. Wir benötigen nicht jedes Sprachzertifikat, sondern möchten Ihren bisherigen Werdegang und Ihre Leistungen nachvollziehen. Sie haben sich mit unserem Unternehmen beschäftigt, wir nehmen uns die Zeit für Sie. Der Bewerbungsprozess ist deswegen auch die Chance, sich gegenseitig kennenzulernen. Zeigen Sie uns, wer in Ihnen steckt. Dabei muss es nicht der optimierte Lebenslauf sein – vorausgesetzt, Sie sind leidenschaftlich und können Dinge umsetzen.

Viele Wege führen zur WOTAX. Zu jedem Zeitpunkt und in jedem Bereich. Ob vor oder nach der Ausbildung, als Praktikant, Uni-Absolvent, Professional oder Berufsträger – wir bieten engagierten Mitarbeitern das ganze Jahr über attraktive Einstiegsmöglichkeiten. Sie schreiben an Ihrer Abschluss- oder Doktorarbeit, wollen als Werkstudent bei uns Erfahrungen sammeln oder das Wissen während der Vorbereitung auf Berufsexamina direkt in die Praxis umsetzen? Insbesondere auch für Frauen kann sich die Frage stellen, wie man nach einer begonnenen Berufstätigkeit und als Mutter wieder einsteigen kann, ohne gleich mindestens eine 5-Tage-Woche zu haben. Bei WOTAX gelingt die Vereinbarkeit von Familie und Beruf perfekt. Als Mitglied im „Kompetenznetzwerk familienfreundliche Unternehmen Ihrer Region" ist es uns wichtig, dass Ihnen die Vereinbarkeit von Beruf und Familie gelingt. Wir unterstützen hier auf vielfältige Weise. Flexible Arbeitszeitmodelle, Telearbeitsplätze sowie individuelle Lohnbausteine sind für uns schon seit Jahren gelebte Elemente dessen.

Sie können sich sowohl auf unsere Stellenangebote bewerben als auch gerne initiativ. Bitte bewerben Sie sich spätestens zwei bis drei Monate vor Ihrem gewünschten Eintrittstermin, damit wir genügend Zeit haben, Ihre Unterlagen zu prüfen und uns kennenzulernen.

Warum kleine Schritte gehen, wenn Sie bei WOTAX auch große machen können?

Ausgewählte Anbieter von Examens-Vorbereitungskursen und Karriereplanung

Teilnehmende können ihre Vorbereitung frei gestalten, denn alle Lehrgänge und Trainings sind einzeln buchbar und frei kombinierbar. Optionale Angebote gibt es im Hinblick auf

- **Intensität**
  vom vorbereitenden Intensiv-Training in Mathe, IFRS, Statistik und Konzernrechnungslegung und -prüfung, Fernlehrgang, Präsenz-/Online-Lehrgang, Klausur-Intensiv-Training, Examens-Intensiv-Training bis zum Training für das mündliche Examen
- **Ortswahl**
  Zuhause, online oder vor Ort, z. B. in Frankfurt oder Köln
- **Zeitraum**
  längerer Zeitraum vorrangig an Wochenenden oder kompakt, möglichst examensnah

Die folgende Grafik zeigt das „Modulare AKS-System" im Überblick:

MODULE →

NÄHE ZUM EXAMEN ↓

	BWL/VWL	PW	WiRe	StR
VIT Vorgeschaltetes Intensiv-Training	**VIT Mathematik** **VIT Statistik**	**VIT Konzerne** **VIT IFRS**		
Fernlehrgang inkl. Klausurenkurs	**Fernlehrgang**	**Fernlehrgang**	**Fernlehrgang**	**Fernlehrgang**
WP-Lehrgang Präsenz / Online (nur in Verbindung mit dem Fernlehrgang)	**WP-Lehrgang Präsenz / Online**	**WP-Lehrgang Präsenz / Online**	**WP-Lehrgang Präsenz / Online**	**WP-Lehrgang Online**
KIT Klausur-Intensiv-Training	**KIT home** **KIT Online: Live**	**KIT home** **KIT Online: Live**	**KIT home** **KIT Online: Live**	**KIT home** **KIT Online: Live**
EXIT Examens-Intensiv-Training	**Prüfung 1. Halbjahr** Online: Live Präsenz **Prüfung 2. Halbjahr** Online: Live Präsenz	**Prüfung 1. Halbjahr** Online: Live Präsenz **Prüfung 2. Halbjahr** Online: Live Präsenz	**Prüfung 1. Halbjahr** Online: Live Präsenz **Prüfung 2. Halbjahr** Online: Live Präsenz	**Prüfung 1. Halbjahr** Online: Live **Prüfung 2. Halbjahr** Online: Live
PTM Prüfungs-Training mündl. Examen	**PTM** Online: Live	**PTM** Online: Live	**PTM** Online: Live	**PTM** Online: Live

Mit dem modularen AKS-System kann das WP-Examen auf sehr individuelle Weise vorbereitet werden.

Das AKS-Lehrwerk: So viel wie nötig und immer aktuell

Unmittelbar nach der Anmeldung erhalten Teilnehmende den gesamten AKS-Fernlehrgang (in den für AKS typischen grünen Ordnern). Damit ist auf Anhieb vernetztes Lernen und Klausurtraining (mit dem im Preis enthaltenen integrierten Klausurenkurs) möglich. Regelmäßige Aktualisierungen, z. B. aufgrund von Gesetzesänderungen, erfolgen über den sogenannten WP-Brief.

Im Modul Wirtschaftsrecht wird das Lehrwerk durch das renommierte Fachbuch „Privatrecht" ergänzt. Es wird von Dr. jur. Wolfgang Kallwass †, Diplom-Psychologe, Dr. jur. Peter Abels, Rechtsanwalt & Diplom-Psychologe und Prof. Dr. jur. Olaf Müller-Michaels herausgegeben.

Im Modul Prüfungswesen erhalten Teilnehmende eine komfortable Sammlung von Standards & Schemata.

Alle Inhalte werden so zusammengestellt, dass ein ergänzendes Literaturstudium nicht erforderlich ist.

Im Lehrwerk enthalten sind:

- **Gegliederte Lerneinheiten**
- **Vorbereitungs- und Vertiefungsprogramm**
- **Schematische Übersichten und Grafiken**
- **Testfragen mit Antworten**
- **Integrierter Klausurenkurs**
- **Anspruch auf Korrektur mit freier Terminwahl**
- **Kurzvortragsthemen für die Vorbereitung auf das mündliche Examen (PW)**
- **Regelmäßige Ergänzungen und**
- **Aktualisierungen in den „AKS-WP-Briefen"**

Auf der Basis von Evaluationen und neuen lernpsychologischen Erkenntnissen werden alle Angebote kontinuierlich optimiert.

Ergänzende Trainings und Präsenz-/Online-Lehrgänge

Wer Wirtschaftsprüfer werden möchte, kann sich mit dem AKS-Lehrwerk darauf vorbereiten. Das ZFU-zertifizierte Lehrwerk beinhaltet alle erforderlichen Inhalte. Leichter und effizienter gelingt die Vorbereitung mit den ergänzenden Trainings und Präsenz-/Online-Lehrgängen:

- **Online-/ Präsenzlehrgänge**

  Bei AKS sind Fernlehrgang und Online-/ Präsenzlehrgänge didaktisch aufeinander abgestimmt. Daher sind diese Lehrgänge nur in Verbindung mit dem Fernlehrgang buchbar. Teilnehmende erhalten zu allen Veranstaltungstagen ein spezielles Handout.

  Angeleitet von erfahrenen Dozierenden bearbeiten die Teilnehmenden den prüfungsrelevanten Stoff. Die Lehrgänge werden in allen Modulen zu allen Prüfungsterminen angeboten:
  BWL/VWL: 9 Tage
  PW: 16 Tage
  WiRe: 12 Tage
  StR: 15 Tage

  Die Lehrgänge finden entweder kompakt, zeitlich nah zum Prüfungstermin, oder über einen längeren Zeitraum statt. Die Belegung kann modulweise unterschiedlich sein. Einzeltermine können mit einem einfachen Umbuchungstool in parallel stattfindenden Lehrgängen getauscht werden. Dadurch können sehr individuelle Vorbereitungspläne realisiert werden.

- **Vorgeschaltetes Intensiv-Training (VIT)**

  Mit speziellen Trainings in den Bereichen Mathematik, IFRS, Konzerne und Statistik fällt der (Wieder-)Einstieg in die o. g. Themengebiete leichter. An 2 bzw. 3 Tagen werden die relevanten Inhalte leicht verständlich vermittelt und bearbeitet. Die Trainings sind einzeln buchbar. Sie finden Online: Live statt, d. h. in der AKS-typischen interaktiven Lehrform.

- **Klausur-Intensiv-Training (KIT)**

  Im AKS-Lehrwerk sind Kontrollfragen und ein Klausurenkurs integriert. Klausuren können bei freier Zeiteinteilung zur Korrektur an AKS gesendet werden.

  Zusätzlich zu dem im Lehrwerk integrierten Klausurenkurs bietet dieses Klausur-Intensiv-Training eine examenszeitnahe „Generalprobe". Damit wird auch der Umgang mit dem Unvorhersehbaren und das Zeitmanagement trainiert. Dieses Training kann wahlweise mit/ohne Klausurbesprechung gebucht werden. Teilnehmende können das Klausurtraining entsprechend der Entscheidung für die Examensklausuren absolvieren, d. h. handschriftlich oder digital.

- **Examens-Intensiv-Training (EXIT)**

  Unmittelbar vor dem schriftlichen Examen empfiehlt sich die Wiederholung und Vertiefung der besonders examensrelevanten Themen. Dieses besonders beliebte Training fokussiert auf aktuelle „examensverdächtige" Themen. Teilnehmende erhalten ein speziell auf diese Phase abgestimmtes Handout.

  Das Examens-Intensiv-Training wird in allen Modulen als Online: Live- oder Präsenzveranstaltung angeboten:
  BWL/VWL: 3 Tage
  PW: 5 Tage
  WiRe: 4 Tage
  StR: 4 Tage

- **Prüfungs-Training für das mündliche Examen (PTM)**
  Zusätzlich zum kostenfreien Coaching vor der mündlichen Prüfung bereitet dieses Training modulweise auf die Prüfungsgespräche vor. Im Fach Prüfungswesen zählt dazu auch die Vortragstechnik.

Überdurchschnittliche Bestehensquoten der Teilnehmenden zeichnen AKS seit vielen Jahren aus.

Empfehlenswert sind die regelmäßig stattfindenden, kostenfreien Info-Veranstaltungen. Sie sind online: live und erlauben auch die Klärung von individuellen Fragestellungen.

Kontakt:
www.aks-online.de
info@aks-online.de
Telefon: 0221/4205616

Spezialkurse und mündliche Vorbereitung:

- Klausurentechnik: der Weg zur optimalen Lösung, betreutes Falltraining
- Mündliche Vorbereitung: alle speziellen Inhalten für die mündliche Prüfung an 6 Samstagen oder 12 Abenden
- Prüfungssimulation: trainiere den Ernstfall für die mündliche Prüfung

Präsenz bundesweit an zahlreichen Standorten – oder doch online zu Hause

Unsere Lehrgänge bieten wir als Präsenzkurse vor Ort an folgenden Standorten an: Berlin, Dortmund, Düsseldorf, Frankfurt, Hamburg, Köln, München und Stuttgart.

Und Online-Unterricht? (Wie) funktioniert das denn?
Wir bieten unsere Vorbereitung auf die Steuerberater-Prüfung auch vollständig online in unserem virtuellen Klassenzimmer an. Der Unterrichtsablauf ist identisch zum Präsenzunterricht, mit der Möglichkeit der Interaktion durch die Mikrofonfunktion oder auch schriftlich im Chat.

Darüber hinaus stellen wir die Aufzeichnung des Live-Unterrichts auf unserer Lernplattform zur Verfügung, sodass der Unterrichtstag jederzeit ein weiteres Mal angesehen werden kann.

Was erwartet Euch bei Endriss?

- Unterricht mit Mehrwert
  Wir sagen Dir, was wirklich wichtig ist. In unserem Unterricht wird nur prüfungsrelevanter Lehrstoff vermittelt.
- Fälle lösen, statt Theorie lernen
  Ihr lernt, abstraktes Wissen am konkreten Fall anzuwenden. Genau dies wird in der Prüfung gefordert.
- Du nimmst uns mit nach Hause
  Ausführliche Skripte, aber auch kompakte Kurz-Skripte zu jedem Fachgebiet, Hausaufgabenklausuren und Fallsammlungen: unsere Lernmaterialien erlauben eine effiziente und zielgerichtete Nacharbeit.

- Fachkompetenz trifft auf Didaktik
  Unsere Dozenten beherrschen das Steuerrecht, selbstverständlich – aber sie können ein Thema auch nachvollziehbar erklären und in den Gesamtkontext einordnen.
- Wir sind für Dich da
  Wir beraten Dich vor und betreuen Dich während Deiner Vorbereitungszeit kompetent und engagiert.

Unser Beraterteam für Dich:

Ingo Froitzheim
Fachbereich Steuern
0221 / 93 64 42-119
froitzheim@endriss.de

Gerhard Brück
Fachbereichsleiter Steuern
0221 / 93 64 42-111
brueck@endriss.de

Oder doch noch weiter studieren, aber den Steuerberater-Titel fest im Blick?

Unser TaxMaster – Werden Sie parallel Steuerberater und Master

Bereits seit 2010 bietet die Steuerfachschule Dr. Endriss gemeinsam mit der staatlichen Hochschule Aalen bundesweit den Studiengang Master of Arts in Taxation an. Das schafft für alle Hochschulabsolventen ganz neue Möglichkeiten.

Bisher musstest Du Dich am Ende Deines Bachelor-Studiums entscheiden:

- Wage ich den Berufseinstieg und strebe nach 3 Jahren das Berufsexamen zum Steuerberater an?
- Schließe ich meinem Bachelor-Abschluss zuerst noch einen Master-Studiengang an und starte nachfolgend erst eine berufliche Tätigkeit?

Unser TaxMaster – Werde parallel Steuerberater und Master

Das Besondere dieses Studienganges ist, dass die Vorbereitung auf die staatliche Steuerberater-Prüfung, das sog. Berufsexamen, vollumfänglich integriert ist. So hast Du die Möglichkeit, parallel die Titel Master und Steuerberater zu erwerben. Bisher ist es keinem universitären Angebot in Deutschland gelungen, eigenständig auf die Steuerberater-Prüfung vorzubereiten. Dies ist üblicherweise Aufgabe von entsprechenden Repetitorien. In diesen Studiengang sind bereits umfassende Vorbereitungslehrgänge der Steuer-Fachschule Dr. Endriss integriert, was das Angebot auch in finanzieller Hinsicht sehr attraktiv macht.

Als Absolvent/in profitierst Du von diesem „two-in-one"-Konzept, das Dir hervorragende berufliche Perspektiven in der Steuerberatung sichert!

Eine weitere Besonderheit ist eine weitgehende Freiheit der Studierenden, den Ablauf des Studienprogrammes selbst zu gestalten. Alle Studienmodule werden mehrfach im Jahr angeboten, was die Studierenden in die Lage versetzt, einen individuell passenden Terminplan zu entwickeln. So kann auch die Studiendauer zwischen 4 und 7 Semestern frei variieren, was gerade für berufstätige Studierende eine wertvolle Flexibilität bedeutet.

Das Angebot ist als berufsbegleitendes Studium ausgelegt und findet bundesweit an 7 Standorten statt. Lass Dich gleich beraten:

Hanna Hensle
Tax Master Studienberatung
0221 / 93 64 42-114
hensle@endriss.de

Mehr Infos zur Steuerberater-Vorbereitung und zum Studiengang?
www.endriss.de
www.taxmaster.de
Steuerfachschule Dr. Endriss, Lichtstrasse 45–49, 50825 Köln

Steuerseminar Dr. Huttegger & Partner

Am Kiel-Kanal 1–2, 24106 Kiel
E-Mail: mail@huttegger.de, Internet: www.huttegger.de

Das Steuerseminar Dr. Huttegger & Partner führt seit 1963 Lehrgänge zur Vorbereitung auf die Steuerberaterprüfung durch. Die Lehrgänge stellen ein in sich abgeschlossenes Ausbildungsprogramm dar, das den gesamten prüfungsrelevanten Stoff der Steuerberaterprüfung umfasst.

Das Steuerseminar

Als Einzelunternehmen im Jahr 1963 gegründet, hat das Steuerseminar Dr. Huttegger & Partner sich im Bundesland zwischen den Meeren als feste Größe etabliert. In Kiel, der Landeshauptstadt Schleswig-Holsteins, hat das Steuerseminar seinen Unternehmenssitz und verfügt dort auch über Räumlichkeiten, in denen sämtliche Präsenzveranstaltungen durchgeführt werden. Mit viel Erfahrung im Gepäck konnte im Laufe von über sechs Jahrzehnten ein optimales Lehrgangskonzept entwickelt werden, das die Teilnehmenden auf dem Weg zur ihrem Wunschberuf bestmöglich begleitet. Laufende Evaluierungen ermöglichen eine Anpassung an die aktuellen Herausforderungen. Denn auch wenn die Steuerberaterprüfung sich in den letzten Jahrzehnten kaum verändert hat, die Menschen und die Möglichkeiten des Lernens und Lehrens sind im stetigen Wandel.

Die Digitalisierung ermöglicht es, dass nicht nur zum intensiven Vollzeitlehrgang im Sommer vor der Prüfung Teilnehmende aus dem gesamten Bundesgebiet die Kurse des Steuerseminar Dr. Huttegger & Partner besuchen, sondern dass auch die berufsbegleitenden Vorbereitungskurse für Interessierte unabhängig von ihrem Wohnort zugänglich sind.

Gegründet als Familienunternehmen wird beim Steuerseminar Dr. Huttegger & Partner Wert auf eine persönliche Betreuung gelegt. Diese beginnt – wenn gewünscht – mit einer Beratung, die die individuellen Gegebenheiten des/der Einzelnen in den Mittelpunkt stellt. Während der laufenden Lehrgänge können sich die Teilnehmenden jederzeit mit Fragen an die Dozierenden und an das gesamte Team vom Steuerseminar wenden.

Die Lehrgangsräume sind entsprechend der modernen Vortragstechnik ausgestattet, so dass eine Teilnahme an den Veranstaltungen nicht nur in Präsenz möglich ist, sondern auch online. Seit Beginn wird Wert daraufgelegt, das Lernmaterial speziell auf das Lernziel – das Bestehen des Steuerberaterexamens – auszurichten und im lernbaren Umfang zu halten. Das Lernmaterial wird ständig überarbeitet und an die aktuellen Rechtsnormen und Prüfungsanforderungen angepasst.

Das Lehrgangskonzept

Dem Team vom Steuerseminar Dr. Huttegger & Partner ist eine übersichtliche Lehrgangsstruktur wichtig. Das Steuerrecht ist schon kompliziert genug, da darf der Weg zum Steuerberatertitel gerne leicht nachvollziehbar sein!

Die Lehrgangsstruktur ist – wie die Prüfung auch – zweigeteilt:

- Vorbereitung auf das schriftliche Steuerberaterexamen
- Vorbereitung auf das mündliche Steuerberaterexamen

Innerhalb dieser Zweiteilung werden ausschließlich zielgerichtete Lehrgänge angeboten, die sich in Wissensaneignung bzw. -erweiterung und Wissensumsetzung aufteilen. Die beiden wichtigen Bausteine für den Erfolg im Steuerberaterexamen!

Dabei geht es nicht ums Auswendiglernen. Das Steuerseminar Dr. Huttegger & Partner steht für das Verstehen des Steuerrechts, Erkennen von Zusammenhängen und Einordnen von Problemfeldern, um sie dann lösen zu können. Hierzu dienen die verschiedenen Lehrgänge, die eine Vorbereitung mit aufeinander aufbauenden Modulen ermöglichen. Step by step werden die Lehrgangsteilnehmenden so auf die Herausforderungen der Steuerberaterprüfung vorbereitet, um Frustration und Scheitern möglichst zu vermeiden.

Das Steuerseminar Dr. Huttegger & Partner steht für

- systematisch aufgebauten Unterricht
- speziell auf das Lehrgangsziel ausgerichtetes Lernmaterial in machbarem Umfang mit vielen Schaubildern, Struktur- und Ablaufdiagrammen zum besseren Verständnis komplizierter Zusammenhänge

- stetige Wissenssteigerung ohne Überforderung
- intensives Training der Klausurtechnik und Klausurtaktik
- persönliche und teilnehmerorientierte Betreuung.

Die Lehrgänge

Die Lehrgänge stellen ein in sich abgeschlossenes Ausbildungsprogramm dar, das den gesamten prüfungsrelevanten Stoff der Steuerberaterprüfung umfasst. Die Lehrgänge werden einzeln gebucht, damit die Flexibilität in der Vorbereitung gewahrt bleibt und die Lehrgangsteilnehmenden bei unvorhersehbaren Ereignissen und Änderungen ihres Vorbereitungsplans nicht in der Kostenfalle sitzen. Außerdem können die Lehrgangsteilnehmenden sich so nach ihrer jeweiligen Vorbildung und Leistungsfähigkeit sowie ihren zeitlichen Möglichkeiten das für sie sinnvollste individuelle Ausbildungsprogramm zusammenstellen.

Es werden ausschließlich zielgerichtete Lehrgänge angeboten, die sich in Wissensaneignung bzw. -erweiterung und Wissensumsetzung aufteilen. Die beiden wichtigen Bausteine für den Erfolg im Steuerberaterexamen!

Es ist besonders die Kombination von berufsbegleitender Vorbereitung und dem sich dann anschließenden Dreimonats-Vollzeitlehrgang, die den Erfolg ausmacht. Dabei sollte nicht zu früh mit dem Klausurenschreiben begonnen werden, um unnötige Frustration zu vermeiden. Deshalb empfiehlt das Steuerseminar Dr. Huttegger & Partner als Einstieg immer den berufsbegleitenden Grundlehrgang, der die Basis für alle weiteren Lehrgänge bildet und damit sprichwörtlich das Fundament des Erfolgs ist. Erst wenn das Fundament gelegt ist, sollte der nächste Baustein hinzukommen.

Die Anzahl der Plätze in den Präsenzveranstaltungen ist beschränkt. Wer also auf jeden Fall vor Ort in Kiel die Lehrgänge besuchen möchte, sollte sich frühzeitig anmelden. Die Plätze werden nach der Reihenfolge der Buchung vergeben. Alternativ können die Lehrgänge als Online-Veranstaltungen gebucht werden.

In einigen Lehrgängen gibt es für Wiederholer:innen Rabatte. Ebenso ist die Kombination aus berufsbegleitendem Grund- und Klausurenlehrgang begünstigt. Ein Teil des Vollzeitlehrgangs sowie des Klausuren-Intensivlehrgangs ist in den meisten Bundesländern bildungsurlaubsbegünstigt, hier lohnt es sich, mit dem Arbeitgeber darüber zu sprechen.

Die Unterlagen

Damit die Lehrgangsteilnehmenden die Menge an Lernstoff besser bewältigen können, achtet das Steuerseminar Dr. Huttegger & Partner darauf, die Unterlagen in einem lernbaren Umfang zu halten. Oldschool in Ordnern ausgedrückt, wären es für den Lernstoff der schriftlichen Steuerberaterprüfung lediglich fünf gefüllte DIN-A4-Ordner. Teil des Konzepts ist es nämlich, dass die einzelnen Themengebiete dem Grunde nach verstanden werden, um dann ihren Platz im großen Ganzen zu finden. Die detaillierte Darstellung über viele, viele Seiten mit Zitation der den Teilnehmenden sowieso vorliegenden Gesetzestexte, Richtlinien und Erlasse ist da wenig hilfreich.

Die Unterlagen, die das Steuerseminar Dr. Huttegger & Partner zu den einzelnen Veranstaltungen ausgibt, werden *Lektionen* genannt und bestehen insgesamt aus drei Teilen (Teil A, Teil B und Teil C). Teil A dient dabei der Erarbeitung des Lektionsstoffs. Teil B enthält Übungsfälle zu den in Teil A behandelten Sachgebieten und dient damit der Überprüfung und dem Lernen der Anwendung des erlernten Wissens. Teil A und Teil B sind in einem Skript enthalten, während Teil C, der die Musterlösungen zu den Übungsfällen enthält, in einem gesonderten Skript ausgeteilt wird. Auf der Gesamtheit aus Stofferarbeitung und Aufgabenbearbeitung beruht ein Teil des Erfolgs des Lehrgangskonzepts.

Das Steuerseminar Dr. Huttegger & Partner ist bestrebt, ressourcenschonend zu agieren. Deshalb werden die Unterlagen den Lehrgangsteilnehmenden digital zur Verfügung gestellt. Selbstverständlich ist es aber auch möglich, die Unterlagen auf Papier zu erhalten.

Interview mit Nele Böttger, Steuerberaterin und ehemalige Teilnehmerin beim Steuerseminar Dr. Huttegger & Partner:

Was war Dir bei der Vorbereitung auf die Steuerberaterprüfung besonders wichtig?

Besonders wichtig war es mir, den Stoff systematisch vermittelt zu bekommen und bei Präsenzveranstaltungen in Kontakt mit den Dozenten und anderen Teilnehmern kommen zu können. Ich mag diese persönliche Note.

Was war für Dich ausschlaggebend, das Steuerseminar Dr. Huttegger & Partner als Vorbereitungsanbieter zu wählen?

Für mich stand relativ schnell fest, dass ich meine Vorbereitung auf die Steuerberaterprüfung bei dem Steuerseminar Dr. Huttegger & Partner machen möchte. Ich hatte im Vorfeld Kolleginnen und Kollegen nach ihren Vorbereitungen gefragt und da wurde mir vor allem das Steuerseminar empfohlen, insbesondere wegen der persönlichen Nähe zu den Dozenten und der damit verbundenen angenehmen und motivierenden Stimmung in den Kursen sowie des strukturierten Aufbaus des Stoffes.

Nele Böttger
Steuerberaterin

Was zeichnet aus Deiner Sicht das Steuerseminar Dr. Huttegger & Partner besonders aus?

Besonders gelungen finde ich die Kombination aus berufsbegleitender Vermittlung des Grundwissens an den Samstagen und dem sich daran anschließenden 14-wöchigen Vollzeit-Endspurt (Montag bis Samstag) im Sommer vor der Prüfung. So konnte ich mir im Grundlehrgang neben meiner Berufstätigkeit zunächst das notwendige Basiswissen aneignen und dann im berufsbegleitenden Klausurenlehrgang erste Erfahrungen mit dem Klausurenschreiben machen. Im Vollzeitlehrgang, der eine Freistellung von der Arbeit notwendig machte, wurde das bereits gelernte Wissen vertieft und erweitert und in zahlreichen Klausuren angewendet. Zwar war die Vorbereitungszeit dadurch mit zwei Jahren recht lang. Aber es lohnt sich auf jeden Fall, diesen Weg zu gehen, um persönliches Scheitern bestmöglich zu verhindern.
Und wie schon erwähnt war mir die Möglichkeit, persönlich mit den Dozenten über Sachverhalte zu sprechen, sehr wichtig, was hier absolut gegeben war.

Wie war die Atmosphäre in den Veranstaltungen?

Die Atmosphäre habe ich als sehr angenehm empfunden. Der Unterricht findet in hellen großzügigen Räumen statt. Die Dozenten sind alle sehr nett und fähig und man merkt ihnen den Spaß am Unterrichten an, was sich auf die Lehrgangsteilnehmenden überträgt und stark motiviert. Bei allen Fragen wird sich um zufriedenstellende Antworten bemüht und keiner muss mit einem unguten Gefühl nach Hause gehen. In den Pausen hatte ich gute Gelegenheit, mit anderen Kursteilnehmern in Kontakt zu kommen und mich auszutauschen. Daraus sind dann auch Lerngruppen und sogar Freundschaften entstanden.

Was hat Dich bei der Vorbereitung besonders motiviert?

Zu sehen, wie sich meine Leistungen im Kursverlauf stetig steigern. Ich muss zugeben, die ersten Übungsklausuren waren alles andere als zufriedenstellend, aber durch das Erlernen der Klausurtaktiken und durch die Wissensvermittlung steigerte sich mein Niveau stetig.
Darüber hinaus hat es mich motiviert zu sehen, dass die anderen Teilnehmenden und ich im selben Boot sitzen und vor denselben Herausforderungen stehen.
Bei all dem haben mich die Dozenten mit strukturierten Darstellungen, Spaß am Steuerrecht und Unterrichten und dem Gefühl, mit meinen Sorgen ernstgenommen zu werden, sehr unterstützt.

Ist man beim Steuerseminar Dr. Huttegger & Partner auf Deine persönlichen Bedürfnisse eingegangen?

Das kann ich ganz klar mit ja beantworten. Meine Fragen wurden sowohl während des Unterrichts, in den Pausen, nach dem Unterricht als auch per E-Mail beantwortet.

Was würdest Du nachfolgenden Kursteilnehmenden raten?

Dranbleiben! Es gibt immer Themengebiete, die einem weniger gut liegen als andere und bei denen man kurzfristig das Gefühl hat, gar nicht zu verstehen, worum es geht. Aber gerade das von dem Steuerseminar etablierte System der aufeinander aufbauenden Lehrgänge lässt die Teilnehmenden Themen mehrfach durcharbeiten, so dass diese dann am Ende doch sitzen.
Keinesfalls sollte man versuchen, im Galopp die Vorbereitung zu durchlaufen. Bei einer so schweren Prüfung wie der Steuerberaterprüfung ist es wichtig, zuerst die Basis zu schaffen, um dann darauf aufbauen zu können.
Und was auch hilft: Fragen und Hilfe annehmen! Alle Dozierenden nehmen sich gerne die Zeit, einem bei Schwierigkeiten zu helfen.

Steuerseminar Dr. Huttegger & Partner

Telefon: 0800 – 92 97 600

E-Mail: mail@huttegger.de

Internet: www.huttegger.de

Wer die Wahl hat … muss sich entscheiden:

Laufbahn- und Karriereberatung als „Kompass“ für eine selbstbestimmte und gezielte berufliche Entwicklung

Dr. Britta v. Bezold

Branchenspezialistin für Weiterbildung und Mitarbeitergewinnung in Kanzleien

Rückblende: Im September 2000 sitze ich als gerade frisch promovierte Erziehungswissenschaftlerin im Büro der Karriere- und Laufbahnberaterin Dr. Dagmar Brodersen in Darmstadt. Gesprächsziel: Anstöße und Ideen sammeln für meine geplante berufliche Neuorientierung auf dem weiten Feld der „Betrieblichen Weiterbildung“. So landete ich als völliger „Neuling“ in der steuerberatenden Branche, der ich nunmehr seit 25 Jahren verbunden bin.

Auch für angehende und berufserfahre Wirtschaftsprüfer/innen und Steuerberater/innen kann Karriere- und Laufbahnberatung sinnvoll sein. Doch der Reihe nach:

Seit etlichen Jahren beherrscht und drückt die Branche ein veritabler Fachkräfteengpass. Insbesondere Berufsträger/innen dürfen sich freuen über diese Verknappung auf dem Arbeits- oder besser: Bewerbermarkt.

Wichtigste Merkmale und konkrete Folgen für Bewerbende/Suchende sind:

- ein großes Angebot an offenen Stellen in Kanzleien, Unternehmen und in der Finanzverwaltung
- eine Gehaltspirale, die sich immer weiter „hochschraubt“ und nach oben offen zu sein scheint
- eine bislang nie dagewesene Vielfalt und Flexibilität von Arbeitsformen, ein Höchstmaß an Autonomie und nicht zuletzt ein breiter Kanon von (zuweilen kurios anmutenden) Benefits, die ein angenehmes, mit der eigenen

Lebensführung gut zu vereinbarendes Arbeiten versprechen. Und das alles, um qualifizierte Köpfe zu gewinnen – und zu binden.

Diese luxuriöse Ausgangssituation sowohl für frisch examinierte als auch für berufserfahrene, wechselinteressierte Wirtschaftsprüfer/innen und Steuerberater/innen hat jedoch eine Kehrseite:

Wie umgehen und auswählen im Überangebot der vielen Optionen?

Vielleicht befinden Sie sich aktuell selbst an einer entscheidenden beruflichen Weggabelung oder wollen den nächsten Karriereschritt gehen? Ein persönliches, strukturiertes Karriereberatungsgespräch kann in Situationen der Veränderung eine wertvolle Unterstützung bieten, um berufliche Alterativen objektiv auszuloten.

Oder es liegt ein konkretes Angebot auf dem Tisch, über das entschieden werden muss, womöglich ohne, dass der aktuelle Arbeitgeber davon erfährt.

Idealerweise bietet Ihnen der Austausch mit einem erfahrenen und professionellen Gegenüber – am besten Brancheninsider – einen raschen Überblick über Besonderheiten und Herausforderungen verschiedener Wege und Positionen, verschafft Ihnen Klarheit und macht die Karriereplanung für Sie leichter.

Grundlegend ist zunächst die *eigene Standortbestimmung*:

Was ist *Ihnen* im neuen Job und im neuen (Kanzlei-) Umfeld wichtig?

Noch bevor Sie sich auf „Bewerbungs-Tour" begeben – egal ob in Eigenregie oder in Begleitung einer Personalberatung – sollten Sie zunächst Ihre eigenen Prioritäten reflektieren, ggf. festlegen. Schließlich wollen doch *Sie* „den Hut aufhaben und behalten", also Herr oder Frau Ihrer beruflichen Veränderung sein.

Ein erster Anhaltspunkt könnte die Frage sein, was für Sie einen attraktiven Arbeitgeber ausmacht, welche Aspekte einer guten Arbeitgebermarke für Sie relevant sind. Kanzleien und Unternehmen können sich grundsätzlich in ihrer Struktur, Kultur und dem gebotenen Gesamtpaket unterscheiden. Jeder Fachbereich, jeder Standort und jedes Team innerhalb der Kanzleien können sehr verschieden sein – genauso wie Ihre Ansprüche und Anforderungen als interessierte/r Bewerbende/r.

So könnten Sie (sich) z.B. fragen:

- Wie muss die Kanzlei/ das Unternehmen „ticken", damit ich mich in der Kanzleigemeinschaft wiederfinden, mich mit der Kanzleigemeinschaft identifizieren kann?
- Welche(s) Aufgabenprofil, Mandantenstruktur, Spezialisierung interessiert mich?
- Welche Wertvorstellungen sind mir wichtig im kanzleiinternen Umgang, wie sollte die Kommunikation und Zusammenarbeit miteinander gestaltet sein (z.B. Kommunikation auf Augenhöhe)?
- Sollte Arbeiten überwiegend in Einzeltätigkeit oder im Team stattfinden? Ist Arbeiten „on remote" machbar und gewollt?
- Welchen Stellenwert hat die gezielte fachliche und persönliche Weiterentwicklung von Berater/innen und entspricht dies meinen Vorstellungen? Werden Talente und Leistungsträger/innen spezifisch gefördert? Wie sind die kurz- und mittelfristigen Perspektiven?

Die Liste ließe sich mühelos fortsetzen. Nutzen Sie im persönlichen Gespräch immer die Gelegenheit, auch „hinter die Kulissen" zu blicken. Fragen Sie nach Prozessen und nach der Kanzleikultur: „Was schätzen Sie besonders an guten Mitarbeitern?" oder „Welche Eigenschaften schätzen Sie hier an Führungskräften besonders?" etc.

Geben Sie im Bewerbungsgespräch von sich preis, was *Ihnen* in der Zusammenarbeit wichtig ist. Fragen Sie konkret nach, wenn Wissenswertes offenbleibt.

siehe auch: Britta v. Bezold: Wie finde und binde ich Mitarbeiter für unsere Steuerkanzlei? Ein innovativer Wegweiser für die Praxis. Praxis Kanzleimanagement, Band 1, S. 58–59, 69.

Wann Karriere- und Laufbahnberatung Sinn macht – Szenarien für 4 Zielgruppen

NR	Ziel- bzw. Bewerbergruppe	Anlass für eine Laufbahn- und Karriereberatung
1	Angehende Berufsträger/innen vor bzw. während des Berufsexamens	Neueinstieg: als frisch gebackene/r Berufsträger/in gezielt Ausschau halten nach einem beruflichen Neueinstieg, meist in einer neuen Kanzlei
2	Examinierte Berufsträger/innen in den 1–2 Jahren	Bleiben oder Gehen: Abwerbe-/Wechsel-Angebot von einer Kanzlei oder einem Mandantenunternehmen, häufig verbunden mit attraktiveren Konditionen
3	Berufserfahrene Berufsträger/innen	Partner werden oder nicht: Entscheidung über das Angebot einer Partnerstellung vs. Wechsel in eine häufig noch besser bezahlte (aber meist nicht beratende) Tätigkeit in der Industrie
4	Berufserfahrene Berufsträger/innen Ü 50 – oft mit Expertenstatus	Späte Umorientierung freiwillig oder erzwungen: Suche nach einem stabilen Umfeld, das bis zum Renteneintritt trägt, ggf. neue Herausforderungen bietet und/oder mehr persönliche Flexibilität/Freiheiten bietet (z. B. Arbeiten in Teilzeit oder „on remote“ vom eigenen Ferienhaus aus etc.)

Gütesiegel professioneller, zielführenden Karriere- und Laufbahnberatung – Das dürfen Sie erwarten

Als langjährige Branchenspezialistin und erfahrene Personalberaterin bin ich in der Lage, rasch Besonderheiten und Herausforderungen unterschiedlicher Positionen zu erkennen und mich empathisch in individuelle Persönlichkeiten hineinzudenken. Diese Kombination aus beruflicher Expertise und analytischen Fähigkeiten „mit Herz“ ermöglicht es mir, gemeinsam mit Ihnen konstruktive und nachhaltige, passgenaue Lösungen zu erarbeiten.

Auch Personalberatungen unterbreiten persönliche Gesprächsangebote.

Zur Unterscheidung:

Klassische Personalberatungen agieren in erster Linie im Sinne ihrer Auftraggeber (Kundenkanzleien oder -unternehmen). Daher betrachten sie Kandidat/innen vor allem unter dem Aspekt, ob deren Qualifikationsprofil übereinstimmt mit den beauftragten Stellenbesetzungen/Vakanzen, dessen sollte man sich bewusst sein.

> Überdies muss das keineswegs nachteilig sein für Berufsträger/innen. Üblicherweise nehmen Sie die Dienste einer Personalberatung in Anspruch, wenn Sie:
>
> - aus privaten Gründen in eine ganz andere Region ziehen und dort keine Kontakte haben
> - in einem festen Beschäftigungsverhältnis stehen und daher lieber mit „verdecktem Visier" agieren möchten
> - sich im Bewerberprozess per se unwohl oder unsicher fühlen. Personalberatungen betreuen Sie gerne und können wichtige Hürden bis zum persönlichen Gespräch für Sie beiseite räumen.
>
> aus: Britta v. Bezold: Wie finde und binde ich Mitarbeiter für unsere Steuerkanzlei? Ein innovativer Wegweiser für die Praxis. Praxis Kanzleimanagement, Band 1, S. 99.

Der Fokus einer *unabhängigen Karriere- und Laufbahnberatung* ist ein anderer: Er bezieht sich ausschließlich auf *Sie* und Ihre Belange. Es besteht keine Vermittlungsabsicht an Dritte.

Aus meinen Erfahrungen mit dem Potenzial und dem Nutzen von Karriere- und Laufbahnberatung sowie meinem heutigen Blick auf die Branche leite ich folgende Gütesiegel einer solchen Beratungsleistung ab:

- gewinnende und vertrauensvolle Ansprache und Austausch mit Ihnen
- Sie sind Mittelpunkt des Gesprächs, es geht ausschließlich um Ihre Belange und Interessen. Sollte sich eine konkrete Option aus Kontakten des Beraters ergeben, ist dagegen selbstverständlich nichts einzuwenden, aber es ist nicht die Zielrichtung

- Vorbereitung des Beraters auf ein Gespräch mit Ihnen (z. B. mittels Ihrer aktuellen Vita), ggf. auch nachbereitende Unterlagen
- offene, hilfreiche Rückmeldung zu Bewerbungsunterlagen, ggf. Feedback zu Erfahrungen aus vorigen Bewerbungsgesprächen
- auf Wunsch: Unterstützung im Bewerbungsprozess, regelmäßiger Austausch im Sinne eines Coachings
- Einbringung branchenspezifischen Fachwissens, Insider-Wissen
- Unabhängigkeit, keine zusätzlichen unmittelbaren oder mittelbaren Interessen
- Innovative, ggf. auch überraschende Ideen und Ansätze zur beruflichen Neuorientierung
- verlässliche Erreichbarkeit, rasche Rückmeldung auf Ihre Fragen
- kostenpflichtige Beratungsleistung, da hoch individuell und mit Fokus auf Sie als Auftraggebende/r. Die Abrechnung erfolgt wahlweise nach Stundensatz oder als Festpreis für eine Basisberatung.

Ihnen allen, liebe Leserinnen und Leser eine glückliche und erfolgreiche Hand bei der Planung und Umsetzung Ihrer beruflichen Vorhaben!

Autorin

Dr. Britta v. Bezold

berät bundesweit Wirtschaftsprüfungs- und Steuerberatungskanzleien auf den Feldern Mitarbeitergewinnung, Weiterbildung sowie Personal- und Führungskräfteentwicklung www.kanzlei-personalberatung.de.

Für Kandidatinnen und Kandidaten, die sich beruflich verändern wollen, steht sie mit ihrer Expertise, großem Netzwerk und zugewandtem Zuhören mit „Rat und Tat" zur Seite.

Arbeitsmotto: „Findet und bleibt zusammen!"

Autorin des Fachbuches: *Wie finde und binde ich neue Mitarbeiter in Steuerberatungskanzleien? Ein innovativer Wegweiser für die Praxis,* im Mai 2025 erschienen im *Duncker & Humblot* Verlag.

Rückfragen und Anregungen gern an: strategie@britta-von-bezold.de